COORDENADOR PEDAGÓGICO

Gisele Recco Tendeiro - Vera Lúcia de Oliveira
ORGANIZADORAS

COORDENADOR PEDAGÓGICO

subsídios para a atuação na realidade escolar

Catia Cilene Gasparini Costa de Oliveira
Clélia Marília Heusser Azeredo
Estela Vanessa de Menezes Cruz
Maria Eliana Santana dos Santos Lara
Renata Aguilar
Renata Santana de M. Cardoso
Silvia Regina da Silva Bordin
Sheyla Baumworcel
Solange das Graças Seno

2ª EDIÇÃO
REVISTA E AMPLIADA

EDICON

CIP-BRASIL. CATALOGAÇÃO NA PUBLICAÇÃO
SINDICATO NACIONAL DOS EDITORES DE LIVROS, RJ

C788

Coordenador pedagógico : subsídios para a atuação na realidade escolar / organização Gisele Recco Tendeiro, Vera Lúcia de Oliveira. - 2. ed. - São Paulo : Edicon, 2018.

208 p. ; 21 cm.

ISBN 9788529010885

1. Coordenadores educacionais. 2. Planejamento educacional. I. Tendeiro, Gisele Recco. II. Oliveira, Vera Lúcia de.

18-48409 CDD: 371.106
CDU: 37.091.2

CONTATO COM AS ORGANIZADORAS:
giselerecco@gmail.com
educaver@gmail.com

EDICON
Editora e Consultoria Ltda
(11) 3255 1002 • 3255 9822
Rua Gama Cerqueira, 87 Cambuci
CEP 01539-010 São Paulo/SP
www.edicon.com.br
contato@edicon.com.br

Sumário

PARTE 5

ANEXOS

Apresentação

Um grupo de profissionais da Educação se propuseram a escrever esta coletânea de textos como forma de provocar reflexões sobre o ofício de ser Coordenador Pedagógico no mundo contemporâneo.

O trabalho da coordenação pedagógica carrega as marcas das transformações e das mudanças de paradigmas vividas na educação ao longo do tempo, porém a falta de perspectivas em formações continuadas por parte da grande maioria dos profissionais, impedem que tais mudanças entrem no contexto escolar e se transformem em melhorias na formação dos estudantes.

Essa trajetória exigiu do Coordenador Pedagógico, primeiro, se constituir como profissional, depois, atuar na tentativa de acompanhar as transformações sociais e educacionais que se realizam em ritmos frenéticos e desalinhados, ora temos uma sociedade que caminha em passos largos na era tecnológica com grandes avanços; ora um enorme distanciamento entre as classes sociais com rupturas e exclusões que deixam para as escolas, a difícil tarefa de ensinar crianças e adolescentes, com vistas, a superação dessa dicotomia.

Diante desse quadro, como tornar a escola uma instituição mais eficiente à formação humana? Que caminho o Coordenador Pedagógico deve seguir para enfrentar tais desafios?

Neste trabalho não temos a pretensão de trazer modelos ou indicar receitas prontas como solução dos problemas oriundos do cotidiano escolar para esse profissional, tampouco, trazer um glossário que traga respostas às dificuldades do dia a dia da escola.

Como profissionais atuantes em escolas públicas de redes de ensino diferentes do estado de São Paulo e profissionais que realizam atendimentos às pessoas que apresentam dificuldades para aprender, nos propusemos redigir textos com base em nossa prática profissional e estudar teorias que nos auxiliam a compreender melhor nosso trabalho, aproximando a prática da teoria, como diríamos, realizar o exercício da práxis.

Compartilhamos a ideia que formar crianças e adolescentes exige muita responsabilidade e compromisso com o fazer pedagógico, pois temos que ir além de ensinar conteúdos. O ato de ensinar envolve várias ações como: contribuir para o desenvolvimento da personalidade; à formação de uma conduta ética; na construção de valores para o desenvolvimento do respeito a diversidade e as diferenças. Ensinar significa apropriar-se de novas aprendizagens e promover a participação dos nossos estudantes ao exercício da cidadania.

Neste contexto, perguntamos: Qual profissional é capaz de ser construtor de mudança na escola para oferecer à comunidade escolar uma Educação de Qualidade: O professor? O gestor? O Coordenador? Outros profissionais da escola? Os legisladores que escrevem e desenvolvem as políticas públicas? Respondemos: Com certeza todos! Mas acreditamos que na escola cabe ao Coordenador Pedagógico as funções de articulador, formador e transformador de realidades.

São muitos os questionamentos que fazemos enquanto profissionais da educação. Procuramos por saídas que não são fáceis, mas também não são impossíveis de serem encontradas. A busca por respostas requer muito trabalho, dedicação profissional, formação continuada, muita reflexão e discussão coletiva organizada pela Coordenação Pedagógica.

As reflexões propostas neste livro nos remete as idas e vindas pedagógicas que nos possibilitam criar e recriar, ver e rever, fazer e refazer, aprender e reaprender com aqueles que deixaram um legado histórico e dar continuidade à essa história que também é nossa, contribuindo com as futuras mudanças. Assim, os textos da coletânea foram organizados em eixos temáticos que propõe refletir sobre as dimensões do trabalho do Coordenador Pedagógico.

O primeiro eixo enfatiza a Legislação, as Políticas Públicas e as Reformas Educacionais evidenciando a inserção do cargo do Coordenador Pedagógico no contexto escolar.

O segundo eixo propõem uma reflexão sobre o trabalho do cotidiano escolar destacando as atribuições do Coordenador Pedagógico e o seu papel na articulação da comunidade escolar, como Formador, Articulador e Transformador da realidade educacional.

O terceiro eixo menciona temas importantes como o Projeto Político Pedagógico, o processo de ensino e aprendizagem, a construção do currículo escolar e do processo de avaliação dando suporte e apoio para às práticas pedagógicas.

O quarto eixo trará para a reflexão concepções sobre a Gestão Democrática e a Escola Inclusiva, valorizando a diversidade e as diferenças humanas, discutindo a importância do Coordenador Pedagógico como gestor democrático e promotor de uma escola pra todos.

Para finalizar, sugerimos algumas ideias para a construção da proposta de trabalho do Coordenador Pedagógico que julgamos ser o ponto de partida para sua empreitada e uma proposição sobre adequações curriculares que poderá auxiliar o trabalho do CP quanto a orientação do trabalho docente na realização da inclusão escolar.

A alegria não chega apenas no encontro do achado, mas faz parte do processo da busca. E ensinar e aprender não pode dar-se fora da procura, fora da boniteza e da alegria.

Paulo Freire

LISTA DE SIGLAS

AVA Ambiente Virtual de Aprendizagem

CP Coordenador Pedagógico

EAD Ensino a Distância

EJA Educação de Jovens e Adultos

ETEC Escola Técnica do Estado

EMEF Escola Municipal de Ensino Fundamental

EMEI Escola Municipal de Educação Infantil

IBGE Instituto Brasileiro de Geografia e Estatística

IDEB Índice de Desenvolvimento da Educação Básica

JEIF Jornada Especial Integral de Formação

LDB Lei de Diretrizes e Bases da Educação (Resumo da sigla LDBEN)

LDBEN Lei de Diretrizes e Bases da Educação Nacional

DCN Diretrizes Curriculares Nacional

MEC Ministério da Educação e Cultura

NEE Necessidade Educacional Especial

ONG Organização Não Governamental

PPP Projeto Político Pedagógico

PMSP Prefeitura do Município de São Paulo

PNAD Programa Nacional de Pesquisas Contínuas por Amostra de Domicílios da Fundação IBGE

PNAIC Programa Nacional de Alfabetização na Idade Certa

PNE Plano Nacional de Educação

RME Rede Municipal de Educação

SAEB Sistema de Avaliação da Educação Básica

SME Secretaria Municipal de Educação

TCA Trabalho do Ciclo Autoral

TIC Tecnologias de Informação e Comunicação

UE Unidade Educacional

UNESCO Organização das Nações Unidas para Educação, Ciência e Cultura

PARTE 1

LEGISLAÇÃO, POLÍTICAS PÚBLICAS E REFORMAS EDUCACIONAIS

Neste eixo destacaremos a inserção do cargo do Coordenador Pedagógico e a construção do seu papel na organização escolar que vem sendo construído na trajetória educacional. A legislação possibilitou a criação do profissional para atender as demandas oriundas das reformas e mudanças de paradigmas da educação brasileira. No intuito de auxiliar o Coordenador Pedagógico junto aos professores. Traremos conhecimentos sobre as dimensões da Educação Infantil no atendimento à primeira infância e do Ensino Fundamental no que os estudantes devam aprendam ao longo da escolarização, os conteúdos, as modalidades de ensino, os objetivos e os direitos de aprendizagem.

Capítulo 1

A escola do Ensino Fundamental: suas dimensões e modalidades de aprendizagens

Vera Lúcia de Oliveira

"A educação é a mais poderosa arma pela qual se pode mudar o mundo."

Nelson Mandela

O Ensino Fundamental tem caráter obrigatório, é um direito público subjetivo de cada um, é dever do Estado a garantia da vaga para todos e obrigação da família realizar a matricula e manter a assiduidade do estudante. Faz parte da Educação Básica que abrange da Educação Infantil ao Ensino Médio.

Segundo as Diretrizes Curriculares Nacionais(2013), os objetivos dessa etapa de ensino se traduzem em assegurar aos educandos o acesso ao conhecimento e aos elementos da cultura imprescindíveis para a vida em sociedade.

> O Ministério da Educação, por meio da Secretaria de Educação Básica (SEB), da Diretoria de Concepções e Orientações Curriculares para Educação Básica (Dcoceb) e da Coordenação Geral do Ensino Fundamental (Coef), cumprindo seu papel de indutor de políticas quanto ao programa de ampliação do Ensino Fundamental obrigatório em nove anos de duração, com início aos 6 anos de idade, tem desenvolvido ações no sentido de apoiar os sistemas de ensino. (BRASIL, 2013)

A ampliação para o Ensino Fundamental de nove anos está embasado na legislação como segue:

1) No artigo 208 da Constituição Federativa do Brasil de 1988;

2) Na Lei nº de Diretrizes e Bases da Educação Nacional, nº 9394/96;

3) Na Lei nº 10.172/2001 que estabelece o Ensino Fundamental de 9 anos como meta da educação nacional;

4) Na Lei nº 11.114/05, que altera a LDBEN e torna obrigatória a matrícula das crianças de seis anos de idade no Ensino Fundamental;

5) Lei nº 11.274/06 que altera a LDBEN e amplia o Ensino Fundamental para 9 anos de duração, com a matricula de crianças de seis anos de idade e estabelece prazo para a implantação pelos sistemas de ensino, até 2010;

6) Documentos produzidos pelo SEB/MEC como Pareceres e resoluções nacionais para o ensino de nove anos e as publicações e documentos como: Parâmetros Curriculares Nacionais; Ensino Fundamental em nove anos: orientações gerais para inclusão das crianças de 6 anos de idade; Indagações sobre Currículo;

7) Propostas pedagógicas das Secretarias de Educação;

8) Projetos Político Pedagógicos das escolas e,

9) Diretrizes curriculares dos sistemas de ensino.

Têm como objetivos para sua ampliação:

> Melhorar as condições de equidade e de qualidade da Educação Básica. b) Estruturar um novo Ensino Fundamental para que as crianças prossigam nos estudos, alcançando maior nível de escolaridade. c) Assegurar que, ingressando mais cedo no sistema de ensino, as crianças tenham um tempo mais longo para as aprendizagens da alfabetização e do letramento. (MEC 2017).

A organização federativa garante que cada sistema de ensino é responsável e livre para construir, com a respectiva comunidade escolar o seu plano de universalização e de ampliação do Ensino Fundamental. Cada sistema é responsável pela organização dos estudos, pela proposta pedagógica pelos seus recursos didáticos e devem readequar e realizar as mudanças necessárias a partir dos novos documentos.

Para efetivação desse movimento, o Coordenador Pedagógico deve ser articulador dos conhecimentos advindos da legislação e documentos específicos da rede que trabalha para que toda comunidade escolar possa discutir e refletir sobre a educação local. Neste texto, daremos ênfase aos documentos da SME/PMSP.

Etapas que compõe o ensino fundamental

A alfabetização: o ciclo inicial do ensino fundamental

O atendimento da criança na escola de Ensino Fundamental, pressupõe, considerar a indissociabilidade entre a Educação Infantil e o Ensino Fundamental, como destaca o Conselho Nacional de Educação publicações do MEC/SEB, 2007, que revisa as Leis nº 11.114/2005 e n° 11.274/2006, que tratam do Ensino Fundamental de nove anos e a matrícula obrigatória das crianças de seis anos no Ensino Fundamental, conforme as orientações emitidas pela Secretaria da Educação Básica/Ministério de Educação e Cultura (2007):

> Optamos por enfatizar a infância das crianças de seis a dez anos de idade, partindo do pressuposto de que elas trazem muitas histórias, muitos saberes, jeitos singulares de ser e estar no mundo, formas diversas de viver a infância. Estamos convencidos de que são crianças constituídas de culturas diferentes. Então, como as receber sem as assustar com o rótulo de "alunos do ensino fundamental"? De que maneira é possível acolhê-las como crianças que vivem a singular experiência da infância? Como as encantar com outros saberes, considerando que algumas estão diante de sua primeira experiência escolar e outras já trazem boas referências da educação infantil? (Ensino fundamental de nove anos: [..] MEC, SEB, 2007)

Segundo o MEC a aprovação dessa mudança para o Ensino Fundamental ocorreu pelo aumento de crianças nessa faixa etária no sistema educacional brasileiro, especialmente aquelas pertencentes aos setores populares, porque segundo as pesquisas, as crianças das classes sociais mais privilegias financeiramente já se encontram, majoritariamente nas escolas incorporadas ao sistema de ensino. IBGE(2000), o documento trata a Educação Infantil conforme segue: pré escolas e/ou primeira série do ensino fundamental, como mostraram as pesquisas na época, 81,7% das crianças de 6 anos estavam na escola, sendo que 38,9% frequentavam a educação infantil, 13,6% pertencem às classes de alfabetização e 29,6% estavam no Ensino Fundamental.

Os profissionais da educação precisam dar a devida importância a chegada das crianças no Ensino Fundamental, e isto não pode constituir-se em uma medida meramente administrativa (per capita). Cabe a Coordenação Pedagógica estar atenta ao processo de desenvolvimento e aprendizagem delas, o que implica conhecimento e respeito às suas características etárias, sociais, psicológicas e cognitivas. Assessorar os docentes na construção de um currículo adequado para atendê-las de forma a garantir seus direitos de aprendizagem, fortalecendo o debate com os professores no espaço de formação da escola, refletindo sobre como podemos atingir o desenvolvimento´e a aprendizagem das crianças nos anos iniciais do ensino fundamental (1º, 2º e 3º anos), sem perder de vista a abrangência da infância, que são as características presente entre os seis a dez anos de idade.

Esta questão é um dos maiores desafios a ser enfrentado pelo Coordenador Pedagógico e pelos professores alfabetizadores, ou seja, trabalhar a infância e sua singularidade, entendendo a infância como uma etapa fundamental na vida de qualquer criança. O brincar passa a ser uma ferramenta pedagógica capaz de estimular a criança a descobrir seu modo de ser e estar no mundo e incentivar sua participação em vivências nas diversas linguagens. O brincar possibilita que ela possa se expressar e se desenvolver integralmente, adentrando as áreas de conhecimento pelas práticas de letramento e alfabetização. As avaliações e reflexões realizadas pelo docentes de forma contínua servirão de norteadores para a organização do trabalho pedagógico.

O objetivo é garantir o acesso e a permanência, assim como a liberdade da criança à apropriação e a construção do conhecimento, assegurando para ela o direito de brincar, criar e aprender.

Devemos considerar nessa transição da Educação Infantil para o Ensino Fundamental, o currículo como um instrumento vivo, sendo espaços adequados para as aprendizagens nos diversos lugares da escola, inclusive na sala de aula. A garantia das interações entre as crianças para que possam desenvolver a cultura da infância com seus pares. Encarar o desafio do Pacto Nacional de Alfabetização na Idade Certa, não significa que a escola necessite de um currículo que prevaleça o conteúdo, até porque não será o excesso de conteúdos que garantirá o direito de aprendizagem da criança, mas antes de tudo, o profissional alfabetizador deverá assumir o compromisso de garantir o PNAIC e para isso deverá garantir a infância com todas as suas nuances tão necessárias ao desenvolvimento pleno da criança.

Vale a pena lembrar que o desenvolvimento pleno da criança é um compromisso nacional previsto no Plano Nacional de Educação (2014), documento que definiu dez metas para a educação e citaremos as três primeiras para completar as ideias colocadas aqui. A primeira meta prevê que todas as crianças e adolescentes de 4 a 17 anos devem frequentar escola atendendo o princípio da universalização. A meta dois, determina que toda criança seja plenamente alfabetizada até os oito anos de idade e para conseguir esses resultados, precisamos investir na meta três que fala sobre a necessidade de aferir a qualidade do ensino.

O Plano Nacional de Educação prevê que 95% dos alunos devem concluir os estudos na idade certa até o final da vigência do PNE, com referência nas discrepâncias existentes de distorção ano e idade. Em São Paulo os índices das distorções são menores, porém ainda temos um número significativo de estudantes com atrasos na escolarização no país como um todo. Conforme as estatísticas IBGE/PNAD (2015), a frequência escolar no Ensino Fundamental é 98,6%. A quantidade de conclusões no Ensino Fundamental com 16 anos é de 59,7% na área rural e 76,5% na área urbana, constatando que há distorção de idade ao longo da escolarização.

Para mudar esse cenário temos que fortalecer os anos iniciais para que as crianças tenham um aprendizado adequado, direcionando-os aos anos intermediários e finais, para tanto, deve-se considerar a diversidade e riqueza da oferta do ensino que exige o apoio de outros profissionais da escola, além do professor alfabetizador, como forma de possibilitar o contato da criança com as diversas práticas de alfabetização e letramento para o aprimoramento constante das práticas de leitura e escrita. O Coordenador Pedagógico é elemento fundamental nos resultados, ele deve estar atento aos documentos e autores renomados que discutem a infância, estudá-los e fazer uso do material nos processos formativos dos professores.

O Ciclo de Alfabetização atende as crianças na faixa etária entre seis e oito anos e a meta é alfabetizá-las considerando suas potencialidades e respeitando a diversidade e suas diferenças. Toda criança em processo de alfabetização necessita construir conhecimentos diversos e multifacetados, de forma continua ao longo dos três anos. As ações pedagógicas nesse ciclo precisam considerar as especificidades da infância, ver a criança como produtora de cultura, organizar as práticas pedagógicas considerando o brincar, a escuta, as práticas de letramento com as diversas formas de abordagens da escrita, explorando a funcionabilidade social do seu uso, para que a cognição e a ludicidade estejam integradas na apropriação e produção do conhecimento.

> Vale observar que, para o final do 1º ano do Ciclo de Alfabetização, as crianças devem ter se apropriado do sistema de escrita alfabética e conseguir ler e escrever palavras, frases e textos, ainda que apresentem dificuldades. No 2º ano, deve ser garantido o progresso dos conteúdos e das aprendizagens e, ao final do Ciclo, a alfabetização, de forma que sejam capazes de ler e produzir textos de diferentes gêneros com autonomia. (SME-SP, 2017, p. 23)

No 1º ano do ciclo de alfabetização, a sondagem inicial e os relatórios vindos da Educação Infantil são norteadores para o começo do trabalho junto à criança. No 2º ano, a partir da retomada do ano anterior e da apropriação do sistema de escrita, precisa avançar na construção da linguagem e dos conhecimentos matemáticos. No 3º ano e último ano do ciclo de alfabetização, a criança necessita apresentar determinadas proficiências em relação às práticas de leitura e escrita em Língua Portuguesa fazer uso da escrita em sua vida partindo dos processos sociais condizentes em sua fase de escolarização, ler e escrever para se comunicar com o mundo ao seu redor e na Matemática fazer utilizar os números, reconhecendo seu significado e manipulando-os para uso comunitário e cotidiano.

As orientações organizadas pela SME/SP (2017 p. 24) indicam que: no Ciclo de Alfabetização: o estudante deverá ler palavras e textos; localizar informações explícitas; reconhecer diferentes gêneros textuais; realizar inferências. Na escrita deverá escrever ortograficamente as palavras; reescrever textos de diferentes gêneros; produzir textos (ainda que com alguns desvios ortográficos e de pontuação, que não comprometam a compreensão). Em Matemática deverá ler números em diferentes contextos; realizar a leitura de gráficos; reconhecer figuras geométricas (espaciais ou planas) em diferentes objetos; resolver situações-problema dos campos aditivo e multiplicativo.

Observamos que a Base Nacional Comum Curricular (BNCC) é um documento que normatiza a as aprendizagens essenciais para todos os estudantes da Educação Básica em todo o país. Sua reformulação organizou um novo documento e este deve nortear os currículos dos sistemas e redes de ensino. Assim o ciclo de alfabetização teve uma reestruturação para dois anos e será implantado a partir desse ano (2018).

Na Rede Municipal de Educação de São Paulo – (RME/SP), o Programa Mais Educação São Paulo propõe uma nova configuração para o Ensino Fundamental de nove anos que se constitui em três ciclos: o Ciclo de Alfabetização composto pelos 1º, 2º e 3º anos, o Ciclo Interdisciplinar composto pelos 4º, 5º e 6º anos e o Ciclo Autoral composto pelos 7º, 8º e 9º anos.

Os anos intermediários do ensino fundamental

O ciclo interdisciplinar se refere ao período de transição entre os anos iniciais e os finais do Ensino Fundamental. Nesta fase da aprendizagem as crianças devem ter em média entre 9 e 11 anos de idade. Trata-se de um percurso integrador e faz se necessário um suporte com o desenvolvimento de projetos de outras áreas para que haja apoio ao professor regente, subsidiando-o para que as crianças consigam desenvolver suas potencialidades.

O Ciclo Interdisciplinar que dará continuidade ao processo de alfabetização e letramento, ampliando a autonomia nas atividades e as habilidades relacionadas à resolução de problemas. Além das aulas de Arte, da Educação Física, do estudo da Língua Estrangeira, há também aulas de leitura e informática educativa, ministradas pelos professores chamados de especialistas como forma de contribuir no desenvolvimento integral da criança, esta etapa visa superar o isolamento das áreas do conhecimento como percurso com gênese na Educação Infantil e o trabalho autoral no final do Ensino Fundamental, desenvolvendo a plena autonomia para o exercício da cidadania.

O Coordenador Pedagógico é o profissional capaz de estabelecer o diálogo entre os profissionais da escola na constituição dos projetos e no acompanhamento do percurso formativo da criança, cujo a tendência é a materialização dos direitos de aprendizagem e para que ocorra, cada sistema visará a questão curricular e organizará a aprendizagem em ciclos, anos, séries ou semestres.

A reorganização curricular para as escolas públicas do Estado de São Paulo teve início em 2011 e a partir daí nasceu a proposta de elaboração do Caderno de Expectativas de Aprendizagem pelo Departamento de Educação Básica, com a participação de professores e dos técnicos pedagógicos que atuam nos Núcleos Regionais da Educação, fundamentados pelo referencial teórico baseado no parecer CEE/CEB nº 7/10, que publicou como deveria ser o processo de implementação das Diretrizes Curriculares da Educação Básica. As expectativas de aprendizagem buscam o direito à educação com qualidade e equidade.

A elaboração das Expectativas de Aprendizagem, devem ser entendidas como elementos balizadores e indicadores de objetivos a serem atingidos e destacam seu papel de qualificar e democratizar o ensino público oferecido à população.

> As expectativas definem as intenções básicas de aprendizagem de um determinado processo de ensino para um determinado período de tempo. Dito de outro modo, as expectativas definem a proficiência mínima que se pretende que seja constituída pelo aluno ao final de um processo de ensino específico, o qual pode ser determinado por diferentes períodos de tempo (mês, semestre, ano, segmento de ensino, por exemplo). (CGEB, 2013 p. 5)

Elas devem expressar os conteúdos fundamentais que devem ser ensinados e aprendidos em cada componente curricular e considerar os instrumentos pedagógicos que promovam a democratização do ensino, de forma assegurar a todos uma mesma base, no que diz respeito ao Currículo Nacional Comum Curricular. Vale a pena ressaltar que a reforma curricular apontou as aprendizagens essenciais ao longo da educação básica.

> Por exemplo, no processo de ensino precisamos: a) saber de que modo o aprendizado acontece, pois só tendo clareza disso podemos definir um movimento metodológico adequado ao trabalho docente e selecionar o modo de realização das tarefas mais adequado às necessidades atuais do aluno: se coletivamente, com mediação do professor; se em parceria com colegas; se de maneira independente, sempre de acordo com as apropriações realizadas pelo aluno ao longo do processo de ensino; b) conhecer o objeto de ensino em foco, suas características, suas nuances, para que seja possível adequar as atividades didáticas às possibilidades de aprendizagem dos alunos em cada momento do processo de aprendizado. (CGEB, 2013 p. 5 e 6)

Em cada área as expectativas de aprendizagem expressam aquilo que é essencial ao educando no final de cada ano e ao final do Ensino Fundamental, nelas constam os conteúdos básicos definidos nas Diretrizes Curriculares (2013). As expectativas servem como subsídios para o trabalho docente, tanto no planejamento das aulas, como para o acompanhamento pedagógico.

O material também visa sustentar toda a construção do trabalho escolar e a implementação das Diretrizes Curriculares Orientadoras da Educação Básica proposta para Rede Estadual, preservando a autonomia de cada escola e dos professores. Nesse sentido, o Coordenador

Pedagógico torna-se um articulador e formador disseminando os conhecimentos norteadores para a organização da unidade educacional a qual está inserido.

Um elemento fundamental nesse período são as práticas de registros sobre o acompanhamento pedagógico do percurso do educando, que vislumbre o currículo na RME-SP e os avanços para superar as dificuldades e melhor assistir a criança no processo de aprendizagem.

Espera-se que o educando desenvolva, em cada ano do Ciclo Interdisciplinar, competências, habilidades e atitudes condizentes com a idade cronológica correspondente ao ano/ciclo. No Ciclo Interdisciplinar os objetivos a serem atingidos devem possibilitar que as crianças possam desenvolver habilidades e competências na Língua Portuguesa e habilidades Matemática.

Para SME-SP (2017, p. 25), no Ciclo Interdisciplinar, em Língua Portuguesa, os estudantes necessitam desenvolver competências no que diz respeito à: recuperação de informações no texto; compreensão e interpretação de textos e reflexão sobre conteúdo e forma textual. Em Matemática devem adquirir habilidades em relação a reconhecimento, manipulação e utilização de representação numérica; leitura, análise e interpretação de informações de caráter quantitativo ou relações qualitativas e tradução da operação apresentada para a linguagem matemática visando à resolução de situações-problema. No sexto ano todas as áreas do conhecimento devem trabalhar a ampliação das competências leitora e escritora.

Além das competências gerais, para cada ano do Ciclo Interdisciplinar foram definidas um conjunto de expectativas de aprendizagem como segue, SME-SP (2017, p. 26): para o quarto ano em Língua Portuguesa: identificar diferentes gêneros textuais; localizar informações explícitas; produzir, revisar e editar textos de diferentes gêneros; estabelecer conexão entre o texto e os conhecimentos prévios; reconhecer o uso da linguagem formal e informal no texto; levantar assunto e ideias principais no texto. Em Matemática: reconhecer e utilizar números naturais e numeração decimal; resolver situações-problema envolvendo diferentes operações e porcentagem; realizar operações com números naturais e decimais, por meio de cálculo convencional, mental e uso da calculadora; explorar planificações; calcular área de figuras geométricas; utilizar medidas de tempo, temperatura e comprimento; ler tabelas e gráficos de linha e de setor.

Para o quinto ano SME-SP (2017, p. 26), em Língua Portuguesa prevê que os educandos possam: identificar características e estruturas de diferentes gêneros textuais; localizar informações explícitas considerando título, subtítulo, imagem, negrito; identificar elementos que estruturam texto narrativo; preencher adequadamente os campos de uma ficha de identificação. Em Matemática: identificar diferentes representações de um mesmo número racional; localizar números racionais em reta numérica; resolver problemas envolvendo operações dos campos aditivo e multiplicativo com os números naturais, racionais, sistema monetário e porcentagem; identificar figuras geométricas por seu número de lados e ângulos; realizar cálculos de perímetro e área em ampliação ou redução de figuras usando malha quadriculada; estabelecer relações entre unidades de medida de tempo; ler e interpretar informações e dados de tabelas e gráficos; identificar figuras geométricas por seu número de lados e ângulos.

Para o sexto ano SME-SP (2017, p. 27), em Língua Portuguesa prevê: identificar possíveis elementos constitutivos da organização interna de um gênero; relacionas os diferentes gêneros a seu contexto de produção e suporte de circulação; examinar em textos diferentes construções que fazem referência a lugar e tempo (advérbios, locuções adverbiais, orações adverbiais) para compreender seus usos; planejar a produção de textos de diferentes gêneros; identificar repetições e substituições, relacionando pronomes ou expressões usadas como sinônimos a seus referentes para estabelecer a coesão; escrever ortograficamente as palavras, fazendo uso de pontuação adequada na produção de textos. Em Matemática: estabelecer relações entre números naturais tais como "ser múltiplo de", "ser divisor de" e reconhecer números primos e compostos e as relações entre eles; reconhecer que os números racionais podem ser expressos na forma fracionária e decimal, estabelecendo relações entre essas representações; resolver situações-problema que envolva a determinação da medida do lado de um quadrado de área conhecida, compreendendo a ideia de raiz quadrada de um número natural; analisar, interpretar e resolver situações-problema, compreendendo diferentes significados das operações, envolvendo números racionais na forma fracionária, na forma decimal e porcentagem; resolver situações-problema que envolvam posição ou a movimentação de pessoas ou objetos, utilizando coordenadas; resolver situações-problema que envolvam grandezas como comprimento, massa, capacidade, tempo; e utilizar instrumentos de medida adequados, em função da situação-problema; resolver problemas com dados organizados por meio de tabelas e gráficos; construir gráficos de colunas e de barras; produzir textos escritos, a partir da interpretação de gráficos e tabelas.

O ciclo interdisciplinar traz a proposta de um trabalho integrado com as áreas de conhecimento, como forma de garantir os direitos e objetivos de aprendizagem. A inovação dessa nova organização curricular está contido na Nota Técnica nº 17 que trata da docência compartilhada, momento em que teremos juntos em sala de aula um professor especialista e um professor alfabetizador como facilitador na intervenção direta diante das dificuldades de aprendizagem ampliando para o educando seu repertório nas competências e habilidades leitora, escritora e desenvolvimento do raciocínio matemático. O trabalho é desenvolvido no formato de projetos e visa a integração dos saberes docente e discente, pela reflexão, análise e avaliação no processo de aprendizagem, aproximando a criança e o conhecimento.

A proposta é de possibilitar que o educando possa consolidar os conhecimentos adquiridos na alfabetização e letramento, com vistas ao protagonismo infanto-juvenil, a caminho de autonomia leitora e escritora, interagindo com diferentes gêneros textuais e literários, adquirindo fluência e domínio dos símbolos e signos para se comunicar, bem como, as vivencias individuais e coletivas sobre a cultura e o território, na elaboração de projetos fazendo uso das tecnologias de informação e da comunicação.

Espera-se do docente uma mudança de atitude epistemológica e metodológica em sua prática pedagógica, reorganizando o currículo e os processos de ensino aprendizagem, capazes de transformar a relação educando/professor construindo uma nova forma de pensar e agir no contexto escolar enfrentando os desafios, superando o ensino fragmentado.

Os anos finais do ensino fundamental

Como já citado anteriormente, o Estado segue as Expectativas de Aprendizagem e os documentos legais que embasam o Ensino Fundamental. Na Rede Municipal de Educação de São Paulo, os anos finais do ensino fundamental receberam a nomenclatura de Ciclo Autoral e atendem os educandos com idade entre 12 a 14 anos.

Espera-se que no Ciclo Autoral o educando realize um projeto de intervenção social, com base no suporte dado pela equipe de professores que integraram os projetos no ciclo interdisciplinar que orientaram e deram condições para o caminho da autoria. Os avanços na produção ocorrerão se as intervenções dos Coordenadores Pedagógicos. Forem efetivas, dado ao caráter orientador, provocador, sintetizador e parceiro do seu papel na U.E.

Assim, espera-se que os alunos desenvolvam competências, habilidades e atitudes que contribuam no processo de ensino aprendizagem para o desenvolvimento do protagonismo juvenil, utilizando seus conhecimentos nas interações sociais, possibilitando, inclusive, mudanças para a melhoria. Neste sentido, escolher situações didáticas que conciliem os conteúdos específicos das áreas, com aqueles que ampliam a formação leitora e escritora e auxiliem o entendimento de todas as áreas de conhecimento como: Ciências, História, Geografia, entre outras e nas suas ações comunitárias. Para tanto, os professores devem utilizar estratégias como atividades em grupo, pesquisa e jogos que requeiram o acionamento de aprendizagens já construídas pelos alunos, para garantir o envolvimento nas atividades retomando seus conhecmentos prévios e possibilitando aquisição de novos conhecimentos.

Conforme SME-SP (2017, p. 29), no Ciclo Autoral em Língua Portuguesa espera-se que o estudante desenvolva competências no que diz respeito à recuperação de informações no texto; compreensão e interpretação de textos e reflexão sobre conteúdo e forma de texto. Na leitura e escrita o ensino é tarefa de todas as áreas do conhecimento. A formação de um leitor requer diferentes investimentos envolvendo a identificação, discernimento e compreensão de uma diversidade de gêneros, que se encontram presentes em diferentes contextos e nos conteúdos escolares. No processo de ensino aprendizagem deve-se dar referência as situações didáticas que conciliem os conteúdos específicos das áreas, com aqueles que ampliam a formação no campo da leitura e da escrita. Neste sentido, Ciências, História, Geografia, entre outras áreas, podem organizar atividades com leitura de textos com diferentes propósitos: ler para se informar, ler para estudar, ler para se divertir; garantindo tanto o desenvolvimento da competência leitora quanto o aprofundamento do conteúdo estudado. Em Matemática, espera-se que os educandos tenham habilidades em relação a reconhecimento, manipulação e utilização de representação numérica; leitura, análise e interpretação de informações de caráter quantitativo ou de relações qualitativas e tradução da situação apresentada para a Linguagem Matemática visando a resolução de situações-problema. Devem ser desenvolvidas estratégias como a utilização de atividades em grupo, pesquisa e jogos que requeiram o acionamento do que já construíram além de estratégias para garantir que os alunos se envolvam nas atividades, ampliando seus conhecimentos.

Assim com base nas expectativas de aprendizagem para cada ano do ciclo autoral da SME/SP (2017 p. 30), em Língua Portuguesa o estudante deverá no sétimo ano, produzir textos levando em conta o gênero e seu contexto de produção, estruturando-o de maneira a garantir a relevância das partes em relação ao tema e aos propósitos do texto e a continuidade temática; produzir resumos de artigos de divulgação científica, revisar e editar o texto; examinar no texto o uso de numerais, adjetivos, tempos verbais e uso de vocabulário técnico; estabelecer relações intertextuais; estabelecer relações entre fatos e opiniões relativas a este fato, argumentação; inferir informações pressupostas ou subentendidas no texto; identificar repetições e substituições, relacionando pronomes ou expressões usadas como sinônimos a seus referentes para estabelecer a coesão. Em Matemática, deverá localizar na reta numérica números racionais positivos e negativos; aplicar o conceito de potência em situações problema e operações; efetuar cálculos para determinar média aritmética; fazer cálculos envolvendo raiz quadrada de números naturais; ler, escrever e calcular expressões algébricas, correspondentes a textos escritos em linguagem corrente, e vice-versa; reconhecer círculo, circunferência, seus elementos e algumas de suas relações; identificar localizações pelo uso de coordenadas em relação a planos cartesianos; ler e interpretar dados de tabelas de dupla entrada.

No oitavo ano SME-SP (2017, p. 30) coloca que em Língua Portuguesa o estudante deverá reconhecer o emprego de linguagem figurada e compreender os sentidos conotados; examinar em textos o uso de primeira ou terceira pessoa e implicações no processo enunciativo; inferir o sentido de palavras ou expressões a partir do contexto ou selecionar a acepção mais adequada em verbete de dicionário ou de enciclopédia; conhecer as regras utilizadas na notação científica e utilizá-las para leitura de informações; representar e reconhecer diferentes vistas de figuras tridimensionais. Em matemática deverá Identificar em situações problemas, grandezas direta ou inversamente ou ainda a sua ausência; resolver situações com o cálculo de juros simples e utilizar porcentagem para cálculo de descontos e de acréscimos simples, fazendo uso da calculadora; traduzir situações com equações do primeiro grau; utilizar noções de escala e realizar análises em plantas e mapas; ler e interpretar dados expressos em gráficos setores.

Para o nono ano, a SME/SP (2017 p. 30) propõe que em Língua Portuguesa o educando possa reconhecer o sentido pela combinação no texto de sequências narrativas, descritivas, expositivas, conversacionais, instrucionais ou argumentativas; interpretar a posição do autor em relação a conceitos ou acontecimentos; examinar em textos o uso de construções verbais passivas e impessoais em sequências argumentativas ou expositivas. Em Matemática ele deve identificar equação ou inequação do 1º grau que expresse um problema; efetuar cálculos simples com valores aproximados de radicais; resolver situações problemas que envolvam equação do 2º grau; utilizar as relações de figuras geométricas e noções de volume para resolver as situações problemas propostas.

O Ciclo Autoral caracteriza-se pela construção de conhecimento a partir dos projetos curriculares comprometidos com a intervenção social que deverá ser realizada pelo educando no âmbito familiar e escolar e será finalizado com a elaboração do Trabalho Colaborativo de Autoria – T.C.A., que tem início no sétimo ano e término no nono ano, como forma de intervir no mundo. Nessa empreitada, o adolescente deverá demonstrar competências e habilidades para o domínio de diferentes linguagens (lógico-verbal, lógico-matemática, gráfica, artística, corporal, científica e tecnológica), envolvendo processos de leitura, escrita, tomada de decisões, análise crítica, criatividade e produção.

O Ciclo Autoral deve ser concebido a partir de uma proposta pedagógica que favoreça o desenvolvimento humano do educando, com o exercício de responsabilidade, da solidariedade, da busca da formação de sua identidade, respeito ao outro e obrigações ética e moral. Ele precisa ser capaz de se apropriar dos conhecimentos e intervir no mundo quando necessário, percebendo-se como parte integrante da sociedade, construtor de cultura e responsável pela transformação social em busca de uma vida melhor.

Visto dessa maneira, o Coordenador Pedagógico conhecedor que deve ser sobre as mudanças na legislação e, em constante processo de formação, torna-se multiplicador dos conhecimentos nas formações continuadas que ocorrem na escola, refletindo junto à equipe docente a ampliação das possibilidades de reorganização curricular de acordo com a realidade escolar e com vistas a uma formação discente plena e com equidade.

Para este ano será adotado na rede municipal de ensino o novo currículo da cidade, que foi pensado na perspectiva da educação inclusiva, educação integral e outras concepções baseadas na declarações de Delors (2012).

Norteadores para o trabalho do Coordenador Pedagógico na escola

1 Levantamento de dados

Considerando que o Coordenador Pedagógico precisa atualizar-se sobre as pesquisas e informações relativos aos resultados e índices da educação, principalmente na modalidade em que atua, tendo em vista o suporte que deve dar à sua equipe de trabalho para realizar análises críticas à construção curricular adequada e reestruturações na proposta pedagógica da escola.

> O conhecimento da ciência pedagógica é imprescindível, não porque esta contenha diretrizes concretas validas para hoje e para amanhã; mas porque permite realizar uma autentica análise crítica da cultura pedagógica, o que facilita ao professor debruçar-se sobre as

dificuldades concretas que encontra em seu trabalho, bem como superá-las de maneira criadora. (Suchodolski,1979, p. 477).

Desde a Constituição de 1988, o poder público exerce o papel de prover a educação e aferir os resultados para investir em políticas públicas. Ocorreram ao longo do tempo várias tentativas para melhoria na oferta da educação no país, inclusive manifestações diversas pela qualidade e acesso ao ensino. O ano de 1932 foi marcado pelo Manifesto dos Pioneiros pela Educação, que apesar de ter fracassado, deixou grande legado e incentivou lutas posteriores. A garantia do ensino foi gradativamente sendo ampliada em todos os níveis e modalidades com o compromisso de oferecer uma educação de qualidade. Foi criada uma lei especifica para a educação, a Lei de Diretrizes e Bases Nacionais da Educação (nº 9394/96), ainda como avanço o processo pela mudança. Enfrentamos um atraso educacional secular comparado às nações mais desenvolvidas. Atualmente podemos dizer que os movimentos que ocorreram em prol da melhoria dos sistemas de ensino do país provocaram transformações históricas que tiveram efeitos significativos, que foram demonstrados na ampliação da política educacional com foco nos princípios a partir da Declaração de Salamanca, documento que trata dos pactos mundiais, visando a inclusão social e da Declaração sobre Educação Para Todos de 1990.

Para levar o grupo docente a refletir sobre o percurso educacional é preciso conhecer os instrumentos avaliativos que mensuram o nível de ensino aprendizagem, traduzidos no Índice de Desenvolvimento da Educação Básica e considerar que estes resultados refletem um caminho que se inicia na Educação Infantil. A preocupação com o IDEB iniciou-se em 1988 quando o Ministério da Educação (MEC) criou o Sistema de Avaliação da Educação Básica (Saeb). O sistema foi atualizado, recebeu novas de metodologias que permitiram a comparação de dados e informações. Assim, realizam análises dos resultados e fornecem parâmetros para que as redes educacionais e suas escolas possam observar as escalas de proficiência[1] e organizar o planejamento à elaboração de estratégias para promover uma Educação de qualidade.

---

[1] Escalas de Proficiência - um número de níveis que compreendem um conjunto de habilidades que os alunos dominam.

O Coordenador Pedagógico precisa conhecer os índices das avaliações externas, os resultados e metas previstas pelo Plano Nacional de Educação e pelas declarações mundiais que discutem educação para, a partir deles, pensar como irá articular as formações continuadas, buscando as transformações e mudanças necessárias no interior da escola e, em contrapartida, atingir as projeções previstas para a nação.

2. Resultados baseados nas avaliações externas

As taxas de abandono escolar decaíram e as matriculas escolares vem crescendo a cada ano, inclusive melhorando os índices de distorção da idade/série, conforme os dados do Censo Escolar e Estatísticas da Educação Básica levantados pelo INEP e na pesquisa do IBGE (Reos, 2015). Constata-se que mais jovens estão chegando ao final dos estudos na Educação Básica, mas apesar dos avanços, estamos distantes da universalização do ensino no Brasil, devido a evasão que se dá nos anos finais do ensino fundamental e principalmente no ensino médio que é muito elevada. Além disso, temos um número significativo de crianças e jovens entre 4 e 17 anos de idade ainda permanecem fora da escola.

> Apesar do aumento do número de concluintes, apenas 71,7% de jovens com 16 anos concluíram o Ensino Fundamental e 54,3% dos jovens de 19 anos concluíram seus estudos em 2013 – no Ensino Médio, a taxa de abandono foi de 8,1%, a mais alta dentre todas as etapas de ensino. (Reos, 2015)

De posse de tais informações, o Coordenador Pedagógico em serviço e comprometido com uma proposta política de mudanças, pode colocar as estatisticas e índices em pauta formativa. Assim, esse profissional poderá criar as condições necessárias à mobilização das práticas pedagógicas pelo fortalecimento do processo de formação da equipe docente, sempre visando a melhora da formação discente.

Referências

BRASIL, MEC. Ensino Fundamental de nove anos: orientações para a inclusão da criança de seis anos de idade / organização Jeanete Beauchamp, Sandra Enise Pagel, Aricélia Ribeiro do Nascimento. –Brasília: Ministério da Educação, Secretaria de Educação Básica, 2007.

________. MEC. CONSELHO NACIONAL DE EDUCAÇÃO. CÂMARA DE EDUCAÇÃO BÁSICA. Resolução nº 7. Brasília: 2010.

_______. [Plano Nacional de Educação (PNE)]. Plano Nacional de Educação 2014-2024 [recurso eletrônico]: Lei nº 13.005, de 25 de junho de 2014, que aprova o Plano Nacional de Educação (PNE) e dá outras providências. – Brasília: Câmara dos Deputados, Edições Câmara, 2014.

_______. Constituição da República Federativa do Brasil. Brasília, 1988.

_______. Declaração de Salamanca e Linha de Ação sobre Necessidades Educativas Especiais. Brasília: Coordenadoria Nacional para Integração da Pessoa Portadora de Deficiência, 1994.

FONSECA, J. P. *Projeto pedagógico: processo e produto na construção coletiva do sucesso escolar. São Paulo-SP: Jornal da APASE.* Secretaria de Educação. São Paulo. SP. Ano II – Nº. 03, 2001.

FUSARI, José. *A formação contínua de professores no cotidiano. Ideias.* São Paulo: FDE, 1992.

__________. *O papel do planejamento na formação do educador.* São Paulo, SE/CENP, 1988.

Magistério/Secretaria Municipal de Educação. *Revista nº4* – São Paulo: SME/DOT,2015.

ONU. Declaração Mundial de Educação para Todos. Conferência de Jomtein, Tailândia. UNICEF, 1990.

SÃO PAULO. COORDENADORIA DE GESTÃO DA EDUCAÇAO BÁSICA. Orientações didáticas fundamentais sobre as expectativas de aprendizagem de língua portuguesa. Elaboração: Kátia Lomba Bräkling. Supervisão Pedagógica: Telma Weisz. CGESB. São Paulo: 2013.

SAVIANI, D. *Educação; do senso comum à consciência filosófica.* São Paulo, Cortez/Autores Associados, 1987.

SUCHODOLSKI, Bogdan. Tratando de pedagogia. 4. ed. Barcelona: Península, 1979.

VASCONCELLOS, Celso S. *Planejamento: Projeto de Ensino-Aprendizagem e Projeto Político Pedagógico.* São Paulo: Libertad, 2000.

VEIGA, Ilma. Passos A.(org.). *Projeto Político Pedagógico da Escola: uma construção possível.* Campinas: Papirus,1995.

Sites

CENSO DEMOGRÁFICO 2015. Pesquisa nacional por amostra de domicílios: síntese de indicadores 2015 / IBGE, Coordenação de Trabalho e Rendimento. - Rio de Janeiro: IBGE, 2016. https://biblioteca.ibge.gov.br/visualizacao/livros/liv98887.pdf. Acesso em: jan. 2018.

CENSO DEMOGRÁFICO 2010. Características da população e dos domicílios: síntese de indicadores 2000. Rio de Janeiro: IBGE, 2001. Disponível em: https://biblioteca.ibge.gov.br/visualizacao/livros/liv98887.pdf.. Acesso em: jan. 2017.

ENCONTRO COM AS EQUIPES GESTORAS, SME – JAN/2017. Disponivel em:

http://portal.sme.prefeitura.sp. gov.br/Main/Noticia/Visualizar/PortalSMESP/Encontro-de-Gestores-2017. Acesso em 24/09/2017.

http://portal.mec.gov.br/escola-de-gestores-da-educacao-basica. Acesso em 23/09/2017.

INSTITUTO REOS. Cenários Transformadores para a Educação Básica no Brasil - CAPÍTULO 2 – CONTEXTO DA EDUCAÇÃO BRASILEIRA. Preparado pelo Instituto Reos — JUNHO 2015 — http://cenarioseducacao2032.org.br/contexto-da-educacao-basica-brasileira/por-fernado-luiz-abrucio/fgv-sp-e-lara-simielli/fgv-sp. Acesso em 22/01/2018.

http://ideb.inep. gov.br/resultado/resultado/resultadoBrasil.seam?cid=2914122 Acesso em 22/01/2018

http://appprova.com.br/ideb/ Acesso em 22/01/2018

https://www.todospelaeducacao.org.br/biblioteca/1563/desigualdades-na-alfabetizacao---meta-2-tpe/Acesso em 22/01/2018.

INSTITUTO NACIONAL DE ESTUDOS E PESQUISAS EDUCACIONAIS ANÍSIO TEIXEIRA. Sinopse Estatística da Educação Básica 2016. Brasília: Inep, 2017. Disponível em: <http://portal.inep.gov.br/sinopses-estatisticas-da-educacao-basica>. Acesso em: 22/jan./2018.

http://basenacionalcomum.mec.gov.br/wp-content/uploads/2018/02/bncc-20dez-site.pdf. Acesso em 22/jan./2018.

Educação Infantil em foco: O trabalho do Coordenador Pedagógico nas instituições que atendem a primeira infância

Gisele Recco Tendeiro

> *A criança é feita de cem*
> *A criança tem cem mãos, cem pensamentos,*
> *Cem modos de pensar, de jogar e de falar,*
> *Cem sempre cem, modos de escutar, as maravilhas de amar*
> *Cem alegrias para cantar e compreender, cem mundos, para descobrir,*
> *Cem mundos... para inventar, Cem mundos... para sonhar,*
> *A criança tem, cem linguagens (e depois cem cem cem)*
> *Mas roubaram-lhe noventa e nove*
> *A escola e a cultura lhe separam a cabeça do corpo*
>
> *Loris Malaguzzi*

Sabemos que a Educação Infantil é de suma importância para o desenvolvimento das crianças, sobretudo nos primeiros anos de vida. Será neste espaço colaborativo que os pequenos começarão a entender as primeiras regras sociais e começarão a conviver com outras pessoas além das que já estão acostumadas em seu âmbito familiar. Essa valorização da Educação Infantil vem se consolidando nas últimas duas décadas no Brasil, sobretudo com a atualização da Lei de Diretrizes e Bases. (LDBEN, 1996), que inclui a Educação Infantil na Educação Básica, conforme prevê seu artigo quarto:

> Art. 4º O dever do Estado com educação escolar pública será efetivado mediante a garantia de: I – educação básica obrigatória e gratuita dos 4 (quatro) aos 17 (dezessete) anos de idade, organizada

> da seguinte forma: a) pré-escola; b) ensino fundamental; c) ensino médio; II – educação infantil gratuita às crianças de até 5 (cinco) anos de idade;

Se antes da promulgação deste artigo a Educação Infantil era facultativa às famílias, na atualidade ela se torna obrigatória, fazendo com que algumas reflexões e ponderações sejam realizadas, sobretudo no que diz respeito ao acesso, à qualidade do que é ofertado, à formação dos profissionais que atuarão nesta modalidade de ensino e, para finalizar, o papel do professor Coordenador Pedagógico, destacando o caráter formador e articulador de sua função.

Nestes escritos traremos discussões acerca das especificidades da Educação Infantil, primeira modalidade obrigatória de ensino, dos fundamentos que a regem e focaremos no trabalho que deve ser desenvolvido pelo Coordenador Pedagógico, ator social fundamental na garantia da qualidade da Educação e do desenvolvimento do trabalho dos profissionais que atuam com crianças pequenas.

O acesso às escolas de Educação Infantil

Complementando o artigo 4º, encontramos o artigo 6º que nos diz: "Art. 6º É dever dos pais ou responsáveis efetuar a matrícula das crianças na educação básica a partir dos 4 (quatro) anos de idade" (LDBEN, 1996). A remodelação na legislação traz importantes modificações na vida de milhares de crianças. Com a normativa da obrigatoriedade, as prefeituras devem garantir que todas as crianças, mesmo aquelas que não frequentaram as creches, estejam dentro da escola. Essa medida traz profundas mudanças no atendimento às crianças pequenas, visto que a frequência não é facultativa e a matrícula se torna obrigatória.

Alguns estudos (GARDINAL-PIZATO; MARTURANO; FONTAINE, 2012) apontam que crianças que participaram da Modalidade de Ensino Educação Infantil obtiveram melhores resultados em produtividade no Ensino Fundamental. Sabemos, contudo, que apenas a frequência nesta modalidade de ensino não é suficiente para garantirmos uma educação de qualidade.

No início da História da Educação no Brasil, percebemos que as escolas da primeira infância possuíam caráter compensatório, ou seja, dispunham-se a atender as classes populares, visando compensar questões nutricionais e de higiene. As vagas não eram para todos e não tínhamos uma legislação que garantisse o acesso de todos, visto que a distribuição das vagas era feita de acordo com os indicadores de pobreza das famílias que seriam atendidas. Acreditava-se que desta maneira, seria possível sanar as deficiências sociais e garantir que as crianças carentes chegassem à próxima modalidade de ensino com menos defasagens.

Esta forma de compreender a Educação e a criança trouxe uma série de implicações na forma como se dava o atendimento às crianças pequenas. Estas eram compreendidas como pessoas com defasagens nutricionais e educacionais devido à sua classe social: em outras palavras, a classe social era entendida como potencializadora de deficiências sociais. A Educação voltada à primeira infância, preconizava os princípios higienistas da medicina e compreendia as crianças pobres como indivíduos cuja característica principal era a ausência: de oportunidades, de nutrição, de higiene e de recursos. A maneira como as crianças e suas famílias eram concebidas, norteavam a Pedagogia e a forma de atendimento da época, visto que o modo como os professores escolhem os conteúdos, organizam suas práticas estão estruturadas dentro de um sistema de ensino, com regras e metodologias que atendem princípios sociais e históricos de determinado período. A Pedagogia que visa compensar as ausências da vida de uma pessoa, compreende que esta é um ser incompleto, e suas vivências, vontades, desejos e história não são levados em conta. Na atualidade, para compreendermos a atuação da Educação Infantil, torna-se imprescindível entendermos os fundamentos que a norteiam, assim como as concepções de Infância.

Educação Infantil: alguns fundamentos

Antes de iniciarmos nosso debate sobre o trabalho do Coordenador Pedagógico na Educação Infantil é necessário fazer algumas considerações que perpassam pela concepção de infância. De acordo com a documentação oficial (BRASIL, 2006) e diversos estudiosos da área (FARIA, 1999) a criança deve ser considerada como um sujeito social e histórico, que partilha a cultura de determinada época, e ao mesmo tempo é produtora de cultura (KRAMER, 2007). A Educação Infantil deve orientar-se neste sentido, organizando esta etapa considerando as peculiaridades deste tempo social. A legislação apresenta-nos alguns apontamentos, conforme podemos observar abaixo:

> Art. 29. A educação infantil, primeira etapa da educação básica, tem como finalidade o desenvolvimento integral da criança de até 5 (cinco) anos, em seus aspectos físico, psicológico, intelectual e social, complementando a ação da família e da comunidade. (LDBEN, 1996)

A Lei de Diretrizes e Bases (1996) aponta que a finalidade da Educação Infantil é o desenvolvimento pleno das crianças que a frequentam e não privilegia somente o campo cognitivo, mas aponta a importância de um trabalho integrado envolvendo aspectos físicos, psicológicos, intelectuais e sociais da tarefa que será realizada. No que diz respeito ao desenvolvimento dos aspectos físicos, o trabalho, que deve ser orquestrado, não dissocia o cuidar e o educar, visto que as crianças necessitam de cuidados especiais e esta característica fará parte da rotina dos educadores que trabalham nas instituições que a atendem.

No que se refere ao desenvolvimento dos aspectos sociais, psicológicos e intelectuais a Educação Infantil trabalha os processos de socialização e aprendizado de práticas sociais estabelecidas em sua cultura. A criança vai aprender a interagir com outros adultos e com outras crianças, iniciando nesta fase interações sociais que propiciarão seu desenvolvimento. Dentro da perspectiva da Psicologia Histórico Cultural, preconizada por Vigotski (1998) a escola é um local privilegiado de desenvolvimento psíquico e social. Ao mesmo tempo que aprende, ela se desenvolve em todos os aspectos mencionados anteriormente.

A criança é um sujeito social que está em processo de desenvolvimento. Ao aprender e se desenvolver constrói paulatinamente sua bagagem histórica e social com sua família e comunidade. Dentro desta perspectiva, a criança já é um ser histórico, produtora de cultura e que está em processo de desenvolvimento e aprendizagem. Uma das principais características do tempo social que chamamos de infância está a necessidade do brincar. As crianças brincam e através desta atividade tão peculiar, desenvolvem importantes funções psíquicas, como a função simbólica, a atenção, a memória e a percepção. Esta característica da infância deve ser levada em conta ao organizarmos os planejamentos e trabalhos que serão realizados dentro de uma escola de Educação Infantil. O Coordenador Pedagógico, deve levar em conta as especificidades desta faixa etária para organizar seu trabalho, que deve estar estruturado nos seguintes pilares: formação de professores, articulação do trabalho pedagógico e atendimento às famílias que precisam de apoio e acompanhamento do trabalho pedagógico.

Coordenador Pedagógico e a formação de professores

Diversas Redes de Ensino possuem jornadas de formação de professores dentro da própria escola. Estas formações acontecem dentro do horário de trabalho dos professores, que recebem bonificações em seus salários, possibilitando que os mesmos reflitam sobre os problemas e soluções dentro de sua Unidade de trabalho. Este tipo de formação docente normalmente está atrelado ao CP, que passa a realizar o trabalho de formador dentro das Unidades Educacionais. Diversos autores (GARRIDO, 2000; MATE, 2000; FUSARI, 2000) apontam que este tipo de formação em *lócus* é uma importante conquista, que vem trazendo experiências interessantes no campo da formação docente.

O CP deve sensibilizar seu grupo quanto a necessidade de participação efetiva nestes momentos de formação, possibilitando que estes encontros sejam significativos e que possam modificar a realidade do trabalho pedagógico que é realizado dentro das unidades educacionais. No que diz respeito à Educação Infantil, as formações devem se atentar para as especificidades desta modalidade educativa, trazendo à tona as possibilidades de trabalho, que de acordo com a BNCC (2017) devem ser integrativas.

Algumas escolas da Rede Pública de Ensino do município de São Paulo trabalham com Projetos de formação. Normalmente os temas são escolhidos pelos docentes que lá atuam, com temáticas relevantes para suas realidades. Em outras redes de ensino as Horas Atividades são locais privilegiados de formação docente, sendo este espaço dedicado às discussões de problemas e trocas de experiências entre os grupos. Em ambos os casos será o Coordenador Pedagógico o gestor responsável em organizar estes espaços de maneira que a formação seja rica e necessária.

O Coordenador Pedagógico: a articulação e o acompanhamento do trabalho pedagógico nas Escolas de Educação Infantil

O trabalho realizado nas escolas de Educação Infantil deve ser integrado e articulado ao Projeto Político Pedagógico da Unidade. Para tanto é importante que os educadores tenham clareza do papel social e formador da escola e qual é a concepção de infância que rege os fazeres educativos da Unidade em que trabalham.

Compreendemos que não é possível que cada educador trabalhe de uma forma diferente dentro da mesma Unidade Escolar. Isto posto, o planejamento dos professores deve dialogar para que o trabalho tenha continuidade nos anos posteriores e que as competências e habilidades previstas na Base Nacional Curricular Comum sejam contempladas. (BRASIL, 2017)

Com o advento da BNCC (2017), o trabalho a ser realizado nas instituições de Educação Infantil seguirá normas específicas, haja visto o caráter normativo do documento. As crianças de educação infantil possuem o direito de apreender competências e habilidades comuns em todo o território nacional. Isto posto, o currículo norteador proposto pela BNCC deve fazer parte do dia a dia das escolas e as atividades propostas devem atender as proposições de aprendizagens previstas agora como direitos das crianças.

Sendo assim, o acompanhamento pedagógico ganha mais sentido, pois o CP deve auxiliar o professor a conhecer o documento e acompanhar os trabalhos que estão sendo desenvolvidos, para que o Pedagógico esteja alinhado dentro das propostas curriculares previstas pelo Ministério da Educação de nosso país. O acompanhamento dos planejamentos anuais e semanais é essencial, pois esta prática auxilia o docente a realinhar suas ações caso o trabalho não esteja de acordo com a proposta da escola ou da Rede de Ensino em que ele atua.

O acompanhamento pressupõe avaliação do trabalho que é realizado pelo docente. Muitas vezes o CP sente embaraço ao confrontar um professor que não esteja atuando de acordo com as propostas da escola ou da rede. Contudo esse trabalho de realinhamento é de suma importância para a escola e para o processo formativo do professor, além de fazer parte das funções do CP. A intervenção é necessária e o diálogo é imprescindível para que o trabalho esteja articulado com os demais.

O Coordenador Pedagógico e o trabalho com as famílias

Conforme já foi discutido anteriormente, a Educação Infantil possui especificidades e para a escola obter êxitos em seu trabalho a parceria com a família é muito importante, desde a inserção da criança na instituição. Neste espaço educativo encontramos realidades heterogêneas e cada comunidade possui particularidades que devem ser observadas pelo Coordenador Pedagógico. Na primeira etapa da educação encontramos famílias que demonstram muita apreensão com a entrada da criança na escola. As primeiras semanas de aula costumam ser muito dolorosas para as famílias: as crianças ainda não se sentem seguras neste novo espaço e as famílias relutam em deixar seus filhos pequenos com pessoas que não conhecem. Não é raro encontrarmos mães chorando nos primeiros dias de aula, o que atrapalha o período de adaptação da criança. Nestes casos a figura do Coordenador Pedagógico é muito importante, visto que na maioria das vezes o CP é a figura que realiza o diálogo tão necessário entre escola e família. Ele deve estar disposto a ouvir as necessidades da família, seus medos e anseios e ser o esteio pacificador, visando tranquilizar os responsáveis das crianças. Esse diálogo é de suma importância, pois estreita os laços de confiança entre os profissionais que trabalham na escola e as famílias.

Conforme foi apontado, a mudança da legislação sobre a obrigatoriedade da matrícula e frequência na Educação Infantil são conquistas recentes. Porém, a grande maioria da população ainda não conhece seus direitos e deveres. Na atualidade a frequência na Educação

Infantil é obrigatória e casos de negligência devem ser notificados aos órgãos de proteção à criança, como o Conselho Tutelar. Contudo, antes de fazermos os devidos encaminhamentos, é necessário que a escola esgote todos os seus recursos, dialogando com os responsáveis pela criança e orientando-os sobre a necessidade de frequência dos pequenos nos espaços. Este diálogo orientador na maioria das vezes é suficiente, pois muitos ainda acreditam que a Educação Infantil não possui a mesma importância que o Ensino Fundamental. Este diálogo deve orientar as famílias sobre a importância da Educação Infantil no desenvolvimento das crianças pequenas. Além das questões relacionadas ao dever das famílias, o CP deve orientar os pais conscientizando-os sobre a importância desta etapa para o desenvolvimento das crianças.

Por fim, não é incomum encontrarmos famílias que atribuem à escola toda a responsabilidade de educação e cuidado de seus filhos. Em regiões de alta vulnerabilidade social algumas famílias apresentam grandes dificuldades financeiras, e mostram-se confusas quanto o cumprimento de suas responsabilidades nos processos de cuidar e educar. Nestes casos o CP como investigador da sua realidade social deve ser sensível à sua realidade e proceder de acordo com cada caso específico. Nas escolas que atendem crianças pequenas e muito pequenas, em casos de negligencia de qualquer tipo, as famílias devem ser chamadas e notificadas. Nestes casos o CP trabalhará na formação das famílias, que muitas vezes não identificam suas responsabilidades no trato das crianças.

Finalizando...

O trabalho do Coordenador Pedagógico é altamente complexo, possuindo quatro pilares de atuação. Algumas Redes de Ensino priorizam algumas atuações e veremos que por falta de instrumentalização dos Coordenadores, muitos dedicam horas preciosas de seu escasso tempo realizando funções que não fazem parte de suas atribuições. É necessário que o CP tenha clareza de suas atribuições e do papel social da escola, sobretudo da Escola que atende a primeira infância. Somente desta forma sua atuação poderá fazer mudanças reais na escola.

Referências

BRASIL, LDB. Lei nº 9394/96 – Lei de Diretrizes e Bases da Educação Nacional. Disponível em < www.planalto.gov.br >. Acesso em: 20 jan. De 2018

_______. *Ministério da Educação. Base Nacional Comum Curricular – BNCC.* Brasília, DF, 2017

_______. *BRASIL. Parâmetros nacionais de qualidade para a educação infantil vol. 1 / Ministério da Educação. Secretaria de Educação Básica – Brasília, DF 2006.* Disponível em: http://portal.mec.gov.br/seb/arquivos/pdf/Educinf/eduinfparqualvol2.pdf Acesso em 21 de jan. 2018

_______. *Parâmetros nacionais de qualidade para a educação infantil vol. 2 /Ministério da Educação. Secretaria de Educação Básica – Brasília, DF 2006.* Disponível em: http://portal.mec.gov.br/seb/arquivos/pdf/Educinf/eduinfparqualvol2.pdf Acesso em 21 de jan. 2018

_______. *Ensino Fundamental de nove anos: orientações para a inclusão da criança de seis anos de idade, Brasília, 2º edição, 2007.* Última visualização em 18 de jan de 2018. Disponível em http://portal.mec.gov.br/seb/arquivos/pdf/Ensfund/ensifund9anobasefinal.pdf

FARIA, Ana Lucia Goulart. *Educação pré-escolar e cultura.* São Paulo: Cortez, 1999.

FUSARI, J. C. Formação Contínua de Educadores na escola e em outras situações. In: BRUNO, E. B. G.; ALMEIDA, L. R.; CHRISTOV, L. H. O coordenador pedagógico e a formação docente. São Paulo: Loyola, 2000.

GARDINAL-PIZATO, Elaine Cristina; MARTURANO, Edna Maria; FONTAINE, Anne Marie Germaine Victorine. *Acesso à educação infantil e trajetórias de desempenho escolar no ensino fundamental. Paideia* (Ribeirão Preto), Ribeirão Preto, v. 22, n. 52, p. 187-196, Aug. 2012. Available from <http://www.scielo.br/scielo.php?script=sci_arttext&pid=S0103-863X2012000200005&lng=en&nrm=iso>. access on 26 Feb. 2018. http://dx.doi.org/10.1590/S0103-863X2012000200005.

GARRIDO, Elsa. Espaço de formação continuada para o professor coordenador. In: BRUNO, Eliane. B.; ALMEIDA, Laurinda R.; CHRISTOV, Luiza. H. (Orgs.). O coordenador pedagógico e a formação docente. São Paulo: Loyola, 2000.

Mate CH. O coordenador pedagógico e as reformas pedagógicas. In: O coordenador pedagógico e a formação docente. São Paulo: Edições Loyola; 2000.

VIGOTSKI, L.S. *A formação social da mente. O desenvolvimento dos processos psicológicos superiores.* São Paulo: Martins Fontes, 1998

PARTE 2

O TRABALHO COTIDIANO NAS ESCOLAS COM ÊNFASE NAS ATRIBUIÇÕES, FUNÇÕES DO COORDENADOR PEDAGÓGICO E O SEU PAPEL NA ARTICULAÇÃO DA COMUNIDADE ESCOLAR

Neste eixo faremos uma discussão sobre o papel formador, articulador e transformador do Coordenador Pedagógico. Daremos destaque a formação continuada considerando-a uma ferramenta poderosa utilizada para qualificar a educação pela formação docente. O espaço para formação foi criado legalmente em algumas redes de ensino para as discussões, reflexões, trocas e enriquecimento teórico, quando bem planejado pelo Coordenador Pedagógico, produzirá efeitos positivos na escola. Para contextualizar e legitimar este espaço de formação foram construídos textos enfatizando os desafios da profissão. Alguns textos exemplificam o trabalho realizado no espaço de formação da rede municipal da cidade de São Paulo. O CP desempenha várias funções na escola enquanto articulador das discussões, reflexões e decisões na comunidade escolar, tendo como ponto de partida o seu trabalho pedagógico e a organização da U.E.. Falaremos também sobre sua trajetória e a construção da carreira no magistério e a ampliação profissional do Coordenador Pedagógico com possibilidades de atuação na docência no terceiro setor e ainda como tutor na Educação à Distância.

Capítulo 3

Coordenador Pedagógico: desafios da profissão

Vera Lúcia de Oliveira

> *A identidade não é um dado adquirido, não é uma propriedade, não é um produto. A identidade é um lugar de lutas e de conflitos, é um espaço de construção de maneiras de ser e de estar na profissão.*
>
> *Antonio Nóvoa*

1. Articulador, formador e transformador do contexto escolar

Muito se tem discutido sobre o papel do Coordenador Pedagógico na instituição de ensino. Existem pesquisas sobre as suas atribuições e possíveis caminhos para melhor apoiar ao corpo docente na difícil tarefa da ensinagem[2].

Consideramos que a escola é um espaço de aprendizagem contínua para todas as pessoas que a frequentam, cada um tem seu próprio tempo para refletir e transformar conhecimentos prévios. O Coordenador Peda-

---

[2] A expressão ensinagem foi inicialmente explicitada no texto de ANASTASIOU, L. G. C., resultante da pesquisa de doutorado: Metodologia do Ensino Superior: da prática docente a uma possível teoria pedagógica. Curitiba: IBPEX, 1998: 193-201. Termo adotado para significar uma situação de ensino onde haja a parceria entre professor e alunos como condição fundamental para o enfrentamento do conhecimento e necessário à formação do educando. A ensinagem envolve, no processo de ensinar e apreender, um clima de trabalho tal que se possa saborear o conhecimento em questão. Ambos saboreiam o professor o ensinar, o estudante, o aprender, como parceiros. O saber, neste sentido, inclui, um saber quê, um saber como, um saber porque e um saber para quê. PIMENTA, S.G. utiliza esta expressão em suas pesquisas sobre Docência na Educação Superior, VI, São Paulo: Cortez, 2002. Nesse processo, o envolvimento dos sujeitos, em sua totalidade, é fundamental. Além do 'o quê' e o do 'como' pela ensinagem deve-se possibilitar o pensar, situação onde cada aluno possa re-elaborar as relações dos conteúdos, através dos aspectos que se determinam e se condicionam mutuamente, numa ação conjunta do professor e dos alunos, com ações e níveis de responsabilidades próprias e específicas, explicitadas com clareza nas estratégias selecionadas.

gógico cria espaço e oferece os temas para as discussões, porém o processo para a apropriação desses conhecimentos é muito particular. Todos os atores da escola aprendem, nem sempre o que se espera, independente do papel que desempenham. As necessidades numa instituição escolar são muitas e nem sempre temos consciência delas. Na escola sistematizamos os conhecimentos para que os estudantes aprendam, mas cada um aprende de alguma forma coisas que farão uso em sua vida.

Quando falamos dos educandos, população prevista pela legislação para o ato de aprender, cada um tem seu tempo e especificidades únicas de aprendizagem, isto nos remete a maneira como ensinamos e oferecemos os conhecimentos. Hoje em dia, os desafios que os profissionais da educação enfrentam para trabalharem passou a ser um discurso uníssono. Podemos citar as dificuldades que o educando encontra no processo de aprendizagem, por vezes não entende a metodologia docente, ou pela defasagem que carrega ao longo da sua escolaridade, ou talvez, por outros diversos problemas oriundos da vida em sociedade e das relações humanas que circundam o universo escolar e desembocam na sala de aula.

Essa realidade gera professores, alunos e familiares desmotivados e insatisfeitos com os resultados apresentados pela educação ao longo de anos letivos e produzem uma diversidade de expectativas, algumas realizadas, outras não.

Neste contexto, a figura do Coordenador Pedagógico é imprescendível, desde que, saiba como proceder. Sabemos que esse profissional não é um "sabe tudo", apesar dos professores terem essa clareza, é desse profissional que esperam vir a solução ou a dica para resolução dos diversos problemas que enfrentam na sala de aula na relação, professor-aluno-conhecimento. Mas cabe a esse profissional dar direcionamentos e precisamos constantemente das avaliações diagnósticas para nos conscientizarmos sobre as demandas. Trazer para conhecimento as diretrizes a serem seguidas e, promover sensibilização na equipe de trabalho em relação ao pedagógico. A tarefa é difícil, porém, não é impossível.

Propomos trazer algumas discussões de como esse profissional deve proceder para melhorar o desempenho do seu trabalho e da equipe que coordena. Para iniciar a reflexão convidamos o leitor a pensar brevemente sobre as questões histórico sociais que influenciaram a educação desde sua origem. Destacaremos a função do Coordenador Pedagógico para ilustrar seu papel na escola na atualidade.

O Coordenador Pedagógico por ser um membro da equipe gestora, desenvolve um papel fundamental nos processos educativos pelo seu caráter articulador, integrador e criador de espaços para discussões e reflexões com objetivo de qualificar as práticas pedagógicas e agregar valores na educação, para Delors (2012), como ponto de partida devemos considerar os quatro pilares da educação como segue no relatório sobre Educação Para Todos: "Aprender a conhecer, Aprender a fazer, Aprender a viver juntos e Aprender a ser", com foco nos princípios éticos, políticos e estéticos. Éticos, visando o desenvolvimento da autonomia, responsabilidade, respeito ao outro, as diferenças culturais, a identidade e singularidades e ao meio ambiente. Político, no sentido de incentivar o exercício para a garantia dos direitos da cidadania, da criticidade e da democracia. Estético tendo em vista a valorização da sensibilidade, criatividade, ludicidade e manifestações artísticas, como aponta Oliveira (2010 p. 10). Com base nesses preceitos, o Coordenador Pedagógico necessita ser bastante abrangente e seguir numa trajetória à qualificação à sua competência profissional.

As diversas reformas do ensino que ocorreram ao longo do tempo desenharam para a profissão do Coordenador Pedagógico traçados em diferentes contextos. É esse profissional que deve buscar a superação da dicotomia entre a teoria e a prática, numa tentativa de aproximação e valorização do pensar e do fazer.

A construção da autonomia dos estabelecimentos de ensino supõe uma capacidade autónoma de mudança que não é compatível com processos de controle remoto, das escolas e dos professores, a partir da administração central. A formação «centrada na escola» é uma das facetas de uma nova visão do estabelecimento de ensino em que ele é, simultaneamente, uma unidade estratégica de mudança e a unidade central da gestão do sistema. (CANÁRIO, 1992, p. 6)

Precisamos dar sentido ao fazer e ao pensar que está a serviço das estruturações e reestruturações necessárias à transformação da educação.

> Nessa conjuntura, do Coordenador Pedagógico espera-se que se envolva efetiva e intensamente no processo de articulação da organização do trabalho pedagógico, bem como, na promoção de relações democráticas no interior das instituições educativas. Embora seja reconhecida a importância do trabalho desse profissional para o pleno desenvolvimento da função da escola, sabe-se que os Coordenadores Pedagógicos convivem com dificuldades e enfrentam obstáculos na realização de sua tarefa. Um flagrante desvio de função[3], associado à preocupação constante com o desempenho escolar e à rotina de trabalho burocratizado produzem incertezas entre os Coordenadores Pedagógicos. (TONINI, 2015, p. 17)

Escrever sobre o Coordenador Pedagógico é uma forma de motivar esse profissional a desempenhar suas funções com ânimo, de forma esperançosa e com amorosidade como propagou o grande pedagogo Paulo Freire. É comum entre muitos profissionais da coordenação pedagógica uma postura de isolamento, solidão e fragilidade pelas dificuldades em sua atuação na coordenação escolar. Esse sentimento adverso faz com se perca a identidade desse profissional.

No Brasil, os sistemas de ensino possuem autonomia para organização da escola, dos seus projetos, planejamentos, bem como autonomia para gerar e realizar escolhas de profissionais em alguns cargos pelo Conselho de Escola. Em alguns sistemas o Coordenador Pedagógico faz parte de um quadro de carreira ou segue o Estatuto do Magistério, documento que traz suas atribuições definidas. Conforme TONINI (2015, p. 18), "...o Coordenador Pedagógico tem, por atribuição precípua, articular, coordenar, acompanhar, supervisionar, orientar, subsidiar o professor no desenvolvimento do trabalho pedagógico".

Além dessas atribuições, o Coordenador Pedagógico também redimensiona o político, social, econômico e cultural que se define na pluralidade humana que habita o contexto escolar. Deve investir nas relações interpessoais de maneira dialógica, tanto as profissionais como as pessoais que compõem o cotidiano da escola, por articularem e integrarem

---

[3] O Desvio de Função é comum ocorrer no cotidiano do Coordenador Pedagógico devido as diversas demandas emergentes.

o desenvolvimento do processo de conhecimento, delineando a ideia da educação como um bem público, direito de todos, independentemente de raça, gênero, etnia, etc.

> Certamente que tal consideração conduz a preocupação dos Coordenadores Pedagógicos para o entendimento da relação da escola e de seus sujeitos com um contexto mais amplo e os prepara para o enfrentamento de questões educacionais como a inclusão e a permanência do aluno, a diversidade social, étnica, religiosa e cultural, além de favorecer o desenvolvimento de ações orientadas por projetos pedagógicos, cujos horizontes sejam tanto a democratização da educação e da escola, quanto, o respeito ao direito de aprender. (TONINI, 2015, p. 18)

Independe do local onde o Coordenador Pedagógico esteja, mesmo para aqueles profissionais que mudam de instituição com muita frequência, a primeira coisa que precisa fazer no seu trabalho, diz respeito ao Projeto Político Pedagógico da escola. Tomar conhecimento desse documento e aprimorá-lo diante dos diagnósticos das necessidades da unidade escolar, levantamento a ser realizado junto a equipe de trabalho, identificando os pontos fortes, fracos e medianos (atuação docente, projetos que a escola desenvolve, níveis de conhecimentos dos alunos, participação e gestão democrática da U.E., como essa comunidade se define; qual a participação da família na escola; como é o entorno – qual rede de atendimentoexiste no local, quais políticas públicas, empresas, comércio, lideranças comunitárias, atuação do sistema na escola: programas e projetos advindos do poder público, etc., quais estão dosponíveis. Geralmente, muito se constrói em documentos avaliativos de um ano para o outro, mas mesmo que o profissional anterior não tenha realizado essa produção, cabe ao Coordenador pensar e registrar os avanços e as defasagens para continuidade do trabalho. Assim, caso não encontre nada em arquivos, deve começar a criar e introduzir nos documentos oficiais da escola durante o processo. Criação exige a rigorosidade em selecionar em tópicos as informações que queremos agregar ao documento e a partir desses dados, elaborar planilhas, tabelas, etc., para atender o que se precisa no momento.

O Projeto Político Pedagógico é o começo de tudo. A partir dele, vamos utilizar os princípios didáticos da instituição para a construção dos demais documentos que embasam o trabalho pedagógico da escola. Ver anexo 1 sugestão de pesquisa para o PPP.

Outras funções do Coordenador no cotidiano da escola desde sua chegada são a mediação que realiza entre a família e a escola e entre os professores e seus projetos. O Coordenador Pedagógico deve contribuir para a construção de um ambiente propício para as aprendizagens e para uma convivência saudável. Também investe na formação de uma equipe colaborativa, garantindo que educandos aprendam e as famílias participem do projeto educativo da escola. Ser CP na escola significa enfrentar esses grandes desafios e superá-los para sua realização profissional.

> O trabalho do Coordenador é fazer com a equipe de professores seja colaborativa, as crianças aprendam a as famílias participem do projeto educativo da escola. Ser Coordenador na escola contemporânea é, portanto, um desafio. Porém muitos têm conseguido atingir esses objetivos em escolas de todo o país – o que lhes traz muita satisfação. (www.gestaoescolar.org.br. ZURAWSKI. 2011)

Dessa forma, para ter uma atuação competente será necessário compreender os saberes a ser desenvolvidos para cada faixa etária e saber orientar os caminhos para as aprendizagens, desde a educação infantil à universidade. Em cada etapa do ensino, o Coordenador Pedagógico deverá entender as suas especificidades para conseguir dar suporte e realizar o seu trabalho. Uma instituição difere de outra, mesmo quando se trata do mesmo nível educacional. Cada modalidade tem sua organização própria do conhecimento e o preparo dos ambientes precisam respeitar a forma de vida de cada educando, sua faixa etária.

O Coordenador Pedagógico é o responsável em organizar o trabalho pedagógico para discutir os processos das etapas de ensino. Na Educação Infantil os ambientes de aprendizagem para a criança pequena são organizados com a linha do tempo e outros processos educativos da unidade. O acolhimento envolve todas as práticas que vão dos cuidados em recebê-la, alimentá-la, práticas de higiene, etc. No Ensino Fundamental de qualquer escola a criança precisa adquirir comportamento leitor e escritor, necessários para seu desenvolvimento e para prosseguir os estudos para viver numa sociedade letrada. Considerando as especificidades do ensino de nove anos, na alfabetização devem ser introduzidas as práticas leitoras, escritoras e de letramento. Nos anos seguintes, paraa que ocorrram as práticas didáticas de cada disciplina o CP deve discutir temas como a interdisciplinaridade, autoria, protagonismo, pesquisa em diversos portadores textuais, uso de mídias e tecnologias na educação, a avaliação e suas peculiaridades, o desenvolvimento do espírito crítico e ainda outros temas que são pertinentes que surgem durante o percurso, que fazem o grupo refletir sobre sua prática. O ideal é que a equipe gestora faça parte das discussões para que todos sejam envolvidos em um processo de mudança de comportamento frente as dificuldades do ensino aprendizagem, visando promover a qualificação da equipe e, consequentemente, das práticas educativas para a formação discente.

> Sobretudo nas escolas públicas municipais e estaduais, a questão da organização dos momentos de reflexão merece ser analisada e repensada, pois muitos são as queixas de professores e coordenadores sobre as dinâmicas predominantes nesses encontros. (BRUNO, 2002, p. 55)

O papel do Coordenador Pedagógico é o de promover esse movimento de reflexão, capaz de mudar atitudes docentes e processos escolares pra que sejam condizentes com o Projeto Político Pedagógico. Essa carta de compromisso tão importante não pode ficar apenas no registro como um sonho inatingível. As palavras bonitas precisam tornar-se um documento real, verdadeiro e possível de ser realizado, garantindo o acesso e permanência dos educandos na escola. Veiga (1991) destaca que há desigualdade no ponto de partida, porém a igualdade no ponto de chegada será garantida pela mediação da equipe escolar. Esta ideia corrobora com Saviani (1982) que prevê a necessidade da garantia do acesso ao conhecimento e a necessidade de dar ao educando condições para prever, promover e executar com clareza e compromisso. "Portanto, só é possível considerar o processo educativo em seu conjunto sob a condição de se distinguir a democracia como possibilidade no ponto de partida e democracia como realidade no ponto de chegada". (SAVIANI, 1982 p. 63).

Em todas as etapas de ensino cabe ao Coordenador Pedagógico mediar o diálogo entre a família e a escola, promover eventos significativos respeitando as características da comunidade local, auxiliar a direção escolar na gestão em diferentes aspectos visando a participação democrática, o respeito, a diversidade e o acesso ao currículo.

> Saberes são conhecimentos teóricos e práticos requeridos para o exercício profissional, competência são qualidades, capacidades, habilidades e atitudes relacionadas a esses conhecimentos teóricos e práticos e que permitem a um profissional exercer adequadamente sua profissão. (LIBÂNEO, 2004, p. 77)

Daí a importância do papel de formador do Coordenador Pedagógico, sempre atento a uma perspectiva didática da gestão. Ele deve pensar o fazer pedagógico em todas as dimensões das aprendizagens; pensar estrategicamente as reuniões formativas para aprimorar as práticas pedagógicas, sempre visando a qualificação do trabalho pedagógico com o foco no aprendiz. Se considerarmos que todos os envolvidos no processo escolar sempre aprendem, a forma como a equipe gestora faz as escolhas, toma decisões e organiza as situações educativas, ensina e incentiva a todos como proceder, escolher, ensinar, conviver, dialogar e resolver conflitos. Portanto, nos processos de formação deve haver uma semelhança ou aproximação do que se estuda e a maneira de como organizamos as situações de aprendizagens na escola. Este formato é tão necessário quanto fundamental por evidenciar fatores que influenciam as práticas, bem como, os saberes e competências de cada um, nas suas especificidades, porém, em consonância com outros saberes e fazeres para se alcançar bons resultados.

> Isto, evidentemente, se houver concordância quando à ideia de que trabalho com o saber é especificidade da educação escolar. E que, para cumprirem sua função político-social, os profissionais da educação precisam dominar os fundamentos teóricos-lógicos e históricos – da formação e produção do conhecimento e de sua conversão em saber escolar. (SAVIANI, 1998, p. 152)

O Coordenador Pedagógico necessita levar o grupo a refletir com base em referências sólidas que formar crianças e adolescentes protagonistas e ativos na construção do conhecimento pressupõe que o professor também seja. Neste sentido, as práticas formativas precisam ser reflexivas e não apenas transmissivas. A profissão docente e a escola são categorias que foram se construindo no processo cultural, histórico e econômico conforme as mudanças da sociedade e as ideias advindas dos processos históricos construíram o fazer cotodiano no contexto escolar.

Repensar as funções e práticas escolares, a partir do estudo dos processos históricos, da superação das desigualdades sociais para atender a diversidade cultural e respeitar as diferenças, seria um ato de enfrentamento aos desafios gigantescos que provocam o caos, a estagnação na educação e a manutenção dessa desordem caótica deformadora de gerações. Tudo pode ser pauta de formação nos horários coletivos.

Como repensar a profissão e criar sua própria identidade formativa promovendo mudanças na escola? Esta questão deve nortear as práticas escolares, não para manter a sociedade como está, mas sim para transformá-la em algo melhor. Assim a formação não poderá ser apenas um momento em que o professor realiza leituras ou ouve teorias, ele precisa experimentar, experienciar, dialogar, realizar trocas com os pares, questionar pensadores percebendo-os nas suas práticas.

Nem sempre vamos perceber as transformações das práticas, das atitudes e dos processos em curto prazo. O Coordenador Pedagógico precisa dar um sentido estratégico à formação, afastando-se de atitudes que visam melhoras rápidas, ou seja, situações imediatas. Ele deve visar sair do plano das ações e focar na lógica da formação permanente, cujo foco é a diversidade e o desenvolvimento da capacidade de superar as dificuldades pela formação integrando as reflexões a resolução de problemas nas tomadas de decisão. É preciso observar os processos que se dão na unidade escolar, levantar as situações problemáticas e convidar o grupo a refletir sobre elas na ótica das teorias estudadas. Experimentar formas de atuar sobre a situação no sentido de respeitar as diversidades existentes e propor soluções possíveis envolvendo todos os interlocutores da escola.

Outro ponto importante na formação é a questão do tempo. A formação continuada deve ter continuidade dos estudos propostos. O planejamento deve ser pensado de forma plurianual. A formação tem que fazer sentido para o professor, tem que estar em sintonia com os seus projetos, com o que ensina, com seu planejamento de ensino. Dessa maneira, toda a ação de formação proposta pelo C.P. precisa estar pautada por princípios e valores utilizados nos planos de ensino elaborados para os alunos. Deve-se considerar a escuta, o levantamento de hipótese à construção ativa do conhecimento e o trabalho em grupo.

A formação deve ser considerada um processo contínuo, pensado exclusivamente para aquele grupo docente. O Coordenador Pedagógico não pode reduzir sua ação apenas em auxiliar o professor na resolução de problemas pontuais. Esse profissional deverá planejar a ação formativa no sentido de dar sustentação ao Projeto Político Pedagógico.

A elaboração do currículo da escola considerando as Diretrizes Curriculares (2013) e a nova Base Nacional Comum Curricular (2017), que indicam a melhor definição para o conceito de currículo, sugerem a apontada por Moreira e Candau (2007) em razão de sua amplitude e sua preocupação com a cultura, como segue:

> Currículo associa-se, assim, ao conjunto de esforços pedagógicos desenvolvidos com intenções educativas [...] como o potencial que o currículo possui de tornar as pessoas capazes de compreender o papel que devem ter na mudança de seus contextos imediatos e da sociedade em geral, bem como de ajudá-las a adquirir os conhecimentos e as habilidades necessárias para que isso aconteça. (MOREIRA e CANDAU, 2007, P. 18 e p. 21)

O Coordenador Pedagógico é um articulador e formador na construção do currículo, deverá fazer cumprir as determinações previstas pelo próprio coletivo da escola para àquela instituição de ensino.

O Projeto Político Pedagógico deverá ser pensado de forma a atender as orientações baseadas nas Diretrizes Curriculares Nacionais (2013), na Base Nacional Comum Curricular (2017) e nos documentos que atendem o sistema de ensino em questão. As relações sociais que ocorrem na unidade educacional afetam a construção da identidade dos educandos e por isso, precisam ser pensadas, além de que deve-se, considerar ainda as características individuais dos currículos ocultos dos profissionais que vão atender os educandos, pois influenciarão em muito, por todo o processo de construção do conhecimento institucional.

O Coordenador Pedagógico assume a responsabilidade de organizar uma rotina capaz de trazer à tona problemas e desafios que precisam ser compartilhados por todos. Essa atitude irá contribuir para qualificar as práticas pedagógicas e a convivência entre todos, principalmente entre os professores, os alunos e o conhecimento. Passa a ser uma ação que deverá ser prevista em meta pela sua ampla importância no processo. A aproximação desses elementos é tão necessária, que nos remete a alguns questionamentos: o que queremos que os alunos aprendam? Qual o aspecto da prática queremos qualificar? Será possível prever o que precisamos inserir na formação docente? Somente refletindo, discutindo e experimentando o que queremos, poderemos entender onde os professores precisam avançar para alcançar a qualificação desejada.

Essas ideias precisam permear os momentos de formação e alimentar as pautas formativas. Quando se percebe práticas que não contribuem para a identificação da situação de aprendizagem real do educando, devemos mudar e para exemplificar citamos os processos avaliativos que precisam refletir sobre as causas dos problemas e propor o que precisa ser melhorado para mudar as práticas existentes e experimentar novas estratégias de ensino aprendizagem. O Coordenador Pedagógico necessita conduzir a formação de forma a subsidiar o docente, para que este pense, repense e proponha novas ideias sobre sua própria prática, para tanto, ambos deverão estudar para promover mudanças imprescindíveis.

Sendo assim, um processo de formação não deve ser pautado pela vontade do Coordenador Pedagógico ou de um grupo de professores que optam por uma temática qualquer. Como já foi dito anteriormente, o foco da formação deve ser pertinente, relacionado com o Projeto Político Pedagógico, permitindo melhorar as práticas educativas e a aquisição de conhecimento pelos educando.

Para definir o tema da formação, o Coordenador Pedagógico poderá primeiro apresentar uma prévia das necessidades formativas baseado nas suas observações mediante a tabulação da avaliação diagnostica realizada pelo coletivo. Além disso deve compartilhar as conquistas alcançadas pela escola no trabalho educacional, com foco nas práticas formativas anteriores. Poderá ainda mostrar, os documentos oficiais que embasam e justificam as práticas e os documentos da escola construídos com base em fundamentações e pesquisas coletivas.

Cabe ao CP delinear a formação após a reflexão do grupo sobre as necessidades da escola. A formação é prevista na legislação e o professor recebe proventos para sua participação efetiva, portanto, desenvolvê-la de forma que haja o crescimento educacional daquela comunidade escolar, é o que deverá ser feito e corroborado via o registro da participação de todos os envolvidos nesse projeto de formação. A formação continuada está prevista e garantida pelo item 62A da Lei nº 12.796, de 2013, que altera o artigo 62 do parágrafo único da Lei de Diretrizes e Bases da Educação Nacional, nº 9394/96.

Em meio a tantos desafios, o Coordenador Pedagógico precisa preocupar-se em criar condições para envolver o corpo docente e organizar a situação de formação para que atendam às necessidades identificadas para a qualificação dos processos de aprendizagem para professor e aluno e ter regularidade no que tange as tarefas para criação de habito de estudo com caráter investigativo. O espaço de formação é local para discutir, problematizar, ouvir e ser ouvido em suas experiências pedagógicas, o CP precisa transformar o momento de formação em oportunidades para o crescimento profissional de todos os envolvidos. Deve usar estratégias formativas como dar devolutivas provocando a tematização de práticas e o movimento da práxis.

O próximo passo é realizar o planejamento do projeto de formação baseado na definição das prioridades considerando a ideia de todos na discussão inicial, somado aos dados obtidos nos processos de diagnósticos, documentos oficiais da S.M.E. e da U.E. Assim, cuidadosamente organizar as reuniões de formação definindo: conteúdo, metodologia, estratégias.

É importante o preparo das pautas prevendo algumas questões como, a quantidade de encontros; quem participará; como garantir as vozes de todos; que estratégias irão utilizar para incluir todos os docentes e quais estratégias utilizará para vencer as resistências na partilha de ideias e discussão sobre as práticas pedagógicas.

Assim como o professor precisa elaborar boas práticas para os educandos; o Coordenador Pedagógico deve planejar boas práticas formativas para envolver o grupo de professores. Deve mostrar ao docente que a proposta do encontro foi fruto de um cuidadoso planejamento para atender as demandas apresentadas no diagnóstico realizado por aquele grupo sobre aquela escola.

Ao apresentar a proposta de formação, ou seja, os objetivos do trabalho, o formador deve convidar cada participante a ser corresponsável pelas atividades das quais ele deverá participar. Tudo deverá ocorrer de forma compartilhada e colaborativa, um compromisso coletivo. Isso porque todo o trabalho exige uma coerência e participação coletiva. Uma vez elaborada a proposta, o Coordenador Pedagógico apresenta os objetivos e os conteúdos dos encontros em uma pauta. As estratégias que selecionou devem ser coerentes com os objetivos; precisa enunciar os problemas a serem trabalhados; organiza um cronograma contendo horários, as atividades e situações que farão gerir o tempo com corresponsabilidade. Assim, podemos dizer que esse profissional é importante para gerar um ambiente educativo mais harmônico, democrático e gerador de aprendizagens para todos.

Sugestões à superação de obstáculos

Todos os dias o Coordenador Pedagógico se depara com situações que o desviam de suas principais atribuições na escola. Muitas vezes as demandas da escola o ocupam de tal forma que inviabilizam desenvolver seu papel de articulador do Projeto Político Pedagógico e formador da equipe docente.

Neste sentido, para viabilizar boas práticas, será importante que organize para seu uso, um repertório de estratégias para superar obstáculos que vão surgindo no ambiente escolar, como por exemplo, realizar encaminhamentos e resolver algumas situações cotidianas para melhorar as tomadas de decisões e permitir que atue com excelência. O desvio de função cometido por este profissional na realização de diversos atendimentos, pela falta de entendimento sobre como e o que fazer, pelos funcionários da escola acabam chamando o Coordenador Pedagógico para atender pais, alunos e outras demandas que, necessariamente, não fazem parte das suas funções. Muitas vezes, é o próprio C.P. que assume responsabilidades que não são suas, deixando-se levar pela confusão das atribuições da equipe gestora e das urgências que abalam a dinâmica da escola.

O Coordenador Pedagógico necessita de formação constante para entender de didática, metodologias, conhecer as teorias e provocar a práxis constantemente, assim definir melhor seu plano de trabalho para dar apoio à equipe docente com competência e evitar os desvios de funções que atrapalham o serviço pedagógico. Tornando-se um pesquisador atuante terá mais condições de dar sustentação ao trabalho pedagógico e desempenhar suas atribuições em prol dos processos de aprendizagem escolar. Acreditar em possíveis mudanças é uma atitude que irá tirá-lo do ciclo letivo e capacitá-lo a promover novas práticas ano após ano, provocando modificações nas aprendizagens e nas relações interpessoais que se dão no interior da escola, visando a democratização do ensino com a participação de toda a comunidade escolar, assim transcender a visão da educação, ou seja, da escola para a vida.

Pensar o espaço coletivo significa ter uma relação dialógica para melhorar as práticas pedagógicas e ampliar as parcerias e projetos, sempre visando o cumprimento o projeto político pedagógico da escola. Quando todos são ouvidos em suas demandas e elas são discutidas, as relações tendem a melhorar e a partir daí, o aprendizado fica mais dialógico e significativo para os educandos. O Coordenador Pedagógico é um provocador na promoção dos espaços de discussão e provocador das reflexões que em contrapartida, contribuem para a construção de uma escola mais humana e promissora.

A atuação do C.P. na formação continuada deverá ter a abertura para o diálogo, apoiar o professor no plano de aula da sua turma e nos processos formativos, acompanhar e dar devolutivas constantes, ser parceiro e não fiscalizador das práticas docentes; ouvi-los sempre e a partir das suas queixas desabafos ou sugestões, caminhar para a formação sem deixar que o momento formativo se torne um "muro de lamentações". O C.P. deve incentivar as trocas entre os pares para que um possa ampliar seu conhecimento com o outro, e aumentar seu repertório de estratégias para atuar em suas aulas. Faz parte do processo elogiar as práticas que deram certo, enfatizar os acertos para depois rediscutir e promover o levantamento de ações para a resolução de outros problemas; além disso, deve promover suporte teórico para que o professor possa iluminar sua prática e perceber que teoria e prática andam juntas e se completam. Outros elementos fundamentais são os recursos utilizados que devem ser diversificados, inclusive audiovisual, no sentido de incrementar os momentos de formação e estimular que o professor também faça uso de diversas estratégias em sua aula e sempre que possível, ligar a escola a vida, pois não deveriam ser desvinculadas.

Nos processos avaliativos o Coordenador Pedagógico deverá promover discussão e reflexão para que a análise vá além de resultados finais para que se faça uso de avaliações desde o diagnóstico inicial e, em todo o processo de aprendizagem. Elas são importantes para mensurar os conhecimentos, para readequar planejamentos; para aproximação das necessidades educacionais dos educandos aos conhecimentos; para promover o acesso ao currículo; promover ações criativas a serviço da recuperação das aprendizagens pelos estudantes mediantes suas necessidades; para melhorar a escuta sobre as demandas dos professores, no sentido de apoiá-los nas adequações; para incentivar a busca de novos caminhos com base nas análises dos resultados das avaliações internas e externas.

Na relação com as famílias dos educandos, o Coordenador Pedagógico deverá realizar diagnóstico das demandas da comunidade sobre o papel da escola e suas expectativas em relação à educação local oferecida pela escola. Assim, promover o diálogo como forma de minimizar os conflitos e situações de confrontos entre a família e a escola. Estimular a realização de eventos que ofereçam projetos para promover a participação da família nos ambientes de aprendizagem, oportunizando a sua vinda na escola sempre que possível para aproximar a família da vida escolar e acompanhamento do processo de ensino aprendizagem. É importante que conheçam a rotina da escola, a metodologia do professor, os projetos, as ações pontuais, o movimento realizado pela escola para que ocorra o trabalho com o reforço escolar, tanto na recuperação contínua quanto na paralela, para que entendam o significado de cada uma delas e a forma como são aplicadas pelo professor para que o aluno aprenda. Apresentar o Projeto Político Pedagógico da escola, estimular sua participação nas pesquisas realizadas pela escola junto às famílias no processo de construção desse documento para que possamos construir coletivamente e identificar os anseios dessa comunidade escolar, sentindo-se parte integrante e ter claro a identidade dessa escola. Viabilizar a participação da família nos processos de construção e readequação dos documentos da escola como o Projeto Político Pedagógico, o Regimento Escolar, etc. Promover a participação da família nas instâncias de tomadas de decisões, como o Conselho de Escola. Criar canais para ouvir a família, porém a construção do conhecimento cabe ao docente e isto deve ficar muito claro para que não haja inversão dos papéis. A escola tem que estar a serviço da comunidade no que tange a educação, mas não, ao capricho de algumas famílias.

Na equipe gestora a democratização das ideias é de suma importância. Todos precisam pensar como a escola deve ser organizada, como se dará o ensino; como serão os processos de aprendizagens; criar espaços dialógicos para discussão e reflexão sobre como serão às práticas pedagógicas. Entender que apoios serão necessários de cada membro da equipe para viabilizar o melhora no atendimento. Promover o respeito as diferentes funções e opiniões, porém seguindo o Projeto Político Pedagógico que necessita ter sido fruto da construção coletiva. Estimular e manter bom relacionamento interpessoal e valorizar o apoio de cada componente da equipe. Estas ações trarão a segurança necessária para melhorar as práticas docentes junto aos educandos.

Referências

ANASTASIOU, L. G. C. Metodologia do Ensino Superior: da prática docente a uma possível teoria pedagógica. IBPEX, Curitiba, 1998.

_________ e PIMENTA, S.G. Docência na Educação Superior. VI, São Paulo: Cortez, 2002.

BRUNO, E. B. G. e outros (org). *O Coordenador pedagógico e a formação docente*. São Paulo: Edições Loyola, 2002. 3ºed.

CANARIO, R. Estabelecimento de ensino: a inovação e a gestão de recursos educativos. In: NÓVOA, A. (Org.). As organizações escolares em análise. Lisboa: D. Quixote/IIE, 1992.

DELORS, J. (org.). *Educação um tesouro a descobrir – Relatório para a Unesco da Comissão Internacional sobre Educação para o Século XXI*. Editora Cortez, 7ª edição, 2012.

TONINI, A. M. e BREYNNER, R. O. (Org). *Coordenação Pedagógica e Formação Continuada de Professores*. Juiz de Fora: Editar, 2015.

BRASIL. Diretrizes Curriculares Nacionais para a Educação infantil (Parecer CNE/CEB nº 20/09 e Resolução CNE/CEB nº 05/09).

______. *Diretrizes Curriculares Nacionais para a Ensino Fundamental* (Parecer CNE/CEB nº 40/98).

______. *Diretrizes Curriculares Nacionais Gerais da Educação Básica/ Ministério da Educação. Secretária de Educação Básica. Diretoria de Currículos e Educação Integral.* – Brasília: MEC, SEB, DICEI, 2013.

______. MINISTÉRIO DA EDUCAÇÃO MINISTRO DE ESTADO DA EDUCAÇÃO.SECRETARIA DE EDUCAÇÃO BÁSICA. CONSELHO NACIONAL DE EDUCAÇÃO. PARCERIAS Conselho Nacional de Secretários de Educação – CONSED União Nacional dos Dirigentes Municipais de Educação – UNDIME. Base Nacional Comum Curricular. Brasília: 2017.

CANÁRIO, R. Gestão da Escola: Como Elaborar um Plano de Formação? In: *Cadernos de Organização e Gestão Curricular.* Lisboa: Instituto de Inovação Educacional, 1998.

FERREIRA, M.V. e ZURAWSKI, M. P. Formação de Professores e Currículo Integrado. In: *Especial Revista Educação Infantil nº 2.* São Paulo: Segmento, outubro 2011.

GARCIA, C. M. *Formação de Professores – Para uma Mudança Educativa.* Portugal: Porto Editora, 1999.

LIBÂNEO, J. C. *A organização e gestão da escola.* Rio de Janeiro: Alternativa, 2004.

_________. *Saber ser, saber fazer, o conteúdo do fazer pedagógico.* ANDE, v.,1 4ª ed. 1982;

MOREIRA, Antônio Flávio Barbosa. Indagações sobre currículo: currículo, conhecimento e cultura / [Antônio Flávio Barbosa Moreira, Vera Maria Candau]; organização do documento Jeanete Beauchamp, Sandra Denise Pagel, Aricélia Ribeiro do Nascimento. – Brasília: Ministério da Educação, Secretaria de Educação Básica, 2007.

NÓVOA, Antonio. *Os professores e sua formação.* Lisboa, E. Dom Quixote, 1992.

OLIVEIRA, Z. M. R. *O currículo na educação infantil: o que propõem as novas Diretrizes Nacionais?* Belo Horizonte, 2010.

PLACCO, V. M. N. S.; ALMEIDA, L. R.; SOUZA, V. L. T. (Coord.). *O Coordenador pedagógico e a formação de professores: intenções, tensões e contradições.* (Relatório de pesquisa desenvolvida pela Fundação Carlos Chagas por encomenda da Fundação Victor Civita). São Paulo: FVC, 2011.

PLACCO, V. M. N. S.; SOUZA, V. L. T. Desafios ao coordenador pedagógico no trabalho coletivo da escola: intervenção ou prevenção? In: *PLACCO, V. M. N. S.; ALMEIDA, L. R. (Org.). O Coordenador pedagógico e os desafios da educação.* 2. ed. São Paulo: Loyola, 2010a. p. 25-36.

SAVIANI, D.. "Para além da curvatura da vara". In: *Revista Ande* n° 3. São Paulo, 1982.

SAVIANI, N. *Saber escolar, currículo e didática: problemas da unidade Conteúdo/método no processo pedagógico.* Campinas, SP, Autores Associados, 1998 (Coleção Educação Contemporânea).

VEIGA, I.P. A. "Escola, currículo e ensino". Ira: I.P. A. Veiga e M. Helena Cardoso (org.) *Escola fundamental: Currículo e ensino.* Campinas, Papirus, 1991.

Sites

https://gestaoescolar.org.br/conteudo/150/o-coordenador-pedagogico-como-formador-por-zurawski,p. Acesso em 27/12/2017.

Trabalho cotidiano nas escolas municipais da cidade de São Paulo com ênfase nas atribuições, funções do Coordenador Pedagógico e o seu papel na articulação da comunidade escolar

Solange das Graças Seno

Os diferentes papéis da comunidade escolar

Uma escola é composta por pessoas que carregam para o ambiente uma bagagem lotada com sua história de vida. Essa história, apesar de fechada em cada indivíduo que se dispõe a prestar um concurso ou ser contratada, para assumir suas funções naquele lugar, traz sua maneira de ver o mundo, que influencia na maneira como o trabalho se desenvolverá. Os diferentes funcionários que chegam na escola como gestores, docentes, discentes, equipe de apoio e famílias trazem uma infinidade de conteúdos que mobilizam aqueles que os carregam para adiante. Pode-se pensar que a bagagem está em compartimentos organizados, onde apenas são abertos em momentos adequados. No entanto há pessoas que possuem bagagens, onde os conteúdos estão amontoados, sem organização. Esta grande bagunça gera relações conflituosas nas interações que se concretizam no trabalho desenvolvido.

Ao se deparar com a rotina do trabalho de todos os dias, muitas vezes conflituosas e desregrada em uma escola, como lidar com esta questão para que se garanta a qualidade da Educação, tão almejada? A ideia que surge, com enfoque num ambiente propício para o desenvolvimento de um trabalho de qualidade, voltado ao atendimento dos alunos de forma ética é o seguinte:

> Mulheres e homens, seres histórico-sociais, nos tornamos capazes de comparar, de valorar, de intervir, de escolher, de decidir, de romper, por tudo isso nos fizemos seres éticos. Só somos porque estamos sendo. Estar sendo é condição, entre nós, para ser. Não é possível pensar os seres humanos longe, sequer, da ética, quanto mais fora dela. (FREIRE, 1996, 33 p.)

Esse ser ético que Paulo Freire preconiza, vem à mente como a atuação gestora, que deve saber como lidar com a sua mochila, e influenciar as pessoas com vistas a um ambiente democrático nos diferentes níveis de ensino e faixas etárias.

Para se pensar sobre os diferentes papéis da comunidade escolar, é importante refletir sobre o que é ética. Cortella (2015, 106 p.) a define da seguinte maneira:

> A ética é o conjunto de princípios e valores da nossa conduta na vida conjunta. Portanto ética é o que faz a fronteira entre o que a natureza manda e o que nós decidimos. A ética é aquilo que orienta a sua capacidade de decidir, julgar, avaliar. Só é possível falar em ética quando falamos de seres humanos, porque ética pressupõe a capacidade de decidir, julgar, avaliar com autonomia. Portanto, pressupõe liberdade. A ética é um conjunto de princípios e valores que você usa para responder as três grandes perguntas da vida humana: Quero? Devo? Posso? (CORTELLA, 2015, 106 p.)

Nesse contexto, deve-se entender o que é Gestão Escolar, definida como a área de atuação que tem o diretor como o "[...] líder, mentor, coordenador e orientador principal da vida da escola, não devendo sua responsabilidade ser diluída entre todos os colaboradores da gestão escolar, embora possa ser com eles compartilhada" (LUCK, 2009, 23 p.). Características estas que a autora coloca como foco para que as responsabilidades daqueles que compõem a equipe escolar estejam voltadas a um objetivo comum, que seria efetivar resultados positivos junto ao desenvolvimento dos alunos, respeitando as funções específicas de cada um.

A qualidade de uma escola demanda de toda uma organização, seja dos recursos humanos, como também dos recursos materiais. Um ambiente limpo, com diferentes espaços colocados numa linha de tempo para todos poderem aproveitar de maneira equilibrada, com diferentes recursos disponíveis para uso de acordo com as necessidades no desenvolvimento das aulas, número de funcionários adequado para atendimento das crianças e/ou adolescentes, divididos nas suas diferentes funções incide a um lugar propício à aprendizagem e o desenvolvimento de diversas habilidades e atitudes. Fato este que, infelizmente, não é a realidade de todas as escolas.

Mas, independentemente das condições das unidades escolares, há um conjunto de leis, portarias ou decretos que dispõem sobre regras voltadas à organização, atendimento ou funções que surgem para garantir que os ambientes sejam adequados para realizar seus trabalhos.

Com base em regras definidas, os servidores que compõem a unidade escolar devem exercer suas funções, as quais são explicitamente elencadas num regimento, o qual lista os seguintes sujeitos que fazem parte dessa equipe, no caso da Escola Municipal da cidade de São Paulo, de acordo com a publicação em Diário Oficial da cidade de São Paulo, Anexo Único do Decreto nº 54.453, de 10 de outubro de 2013:

> Art. 1º A Equipe Escolar das unidades educacionais da Rede Municipal de Ensino, da Secretaria Municipal de Educação, é constituída por: I – Equipe Gestora, [...] compreendendo os seguintes profissionais: diretor de escola, assistente de diretor de escola e coordenador pedagógico; II – Equipe Docente, [...] compreendendo os seguintes profissionais: professores que compõem o módulo da unidade, professores com laudo de readaptação funcional [...]; III – Equipe de Apoio à Educação, [...] compreendendo os seguintes profissionais: [...] agentes escolares, agentes de apoio, auxiliares técnicos de educação, [...] profissionais com laudo de readaptação funcional/restrição de função [...] (SÃO PAULO, 2013).

O mesmo Decreto reúne as diferentes funções de cada um desses que compõem a equipe. O Regimento Escolar ainda se preocupa em colocar regras relacionadas às funções da família, as quais também têm suas obrigações com base na legislação como a Lei de Diretrizes e Bases (1996) e, cientes desses princípios, pressupõe-se que o andamento da rotina é extremamente tranquilo.

Deveria ser, no entanto, as regras listadas não são prerrogativas para a inexistência de conflitos, seja pelas suas interpretações ou pela persistência de um número considerável de cidadãos, que consideram o desejo individual como prioridade, em detrimento do coletivo. Influência daquela bagagem anteriormente citada.

O Coordenador Pedagógico, profissional com diferentes funções elencadas na legislação mencionada, tem como responsabilidades principais, ser um formador e articulador, quando se pensa numa escola "como um espaço de formação de cidadãos conscientes, responsáveis e críticos, que atuarão individual e coletivamente na sociedade, modificando os rumos que ela vai seguir" (LOPES, 2010).

O Coordenador Pedagógico e o seu papel na articulação da comunidade escolar

Ao mencionar as responsabilidades do Coordenador Pedagógico, a Secretaria Municipal de Educação da cidade de São Paulo prevê como principal atividade como sendo a formação e a articulação das diferentes ações que acontecem no dia a dia de uma escola; é importante pensar que elas estão inseridas nas atribuições colocadas na legislação que determina suas funções, de acordo com o Anexo Único do Decreto nº 54.453/2013, Diário Oficial da cidade de São Paulo.

É comum observar nas falas dos Coordenadores Pedagógicos a necessidade da organização de um trabalho que prioriza algumas ações em detrimento de outras, que também são determinadas no Decreto citado, mas ficam relegadas em segundo plano. Tal situação é justificada pela falta de tempo, pelas demandas que surgem no dia a dia da escola, ou ainda é notório que as *"experiências formativas vivenciadas por esse profissional, assume um peso que pode determinar como a formação será conduzida"* (DOMINGUES, 2014, 28p.). Acrescenta-se que não só determinará como a formação se conduzirá, mas também todas as ações na Unidade Escolar que demandam da iniciativa desse profissional.

As ações do Coordenador Pedagógico não se limitam a cumpra-se o Decreto; mas a maneira como esse profissional direciona as suas funções e como elas serão organizadas num caminho que *"a ação do coordenador será prescritiva ou produto de discussões e de análises do currículo e da relação da escola com a sociedade"* (DOMINGUES, 2014, 28p.), de acordo com sua construção formativa pessoal.

O papel de articulador da comunidade escolar se faz presente por meio de um plano de trabalho que direcionará os seguintes passos obrigatoriamente discutidos com a equipe, uma vez que o fazer democrático é parte primordial na rotina de uma unidade escolar. São eles:

- Analisar o Projeto Político Pedagógico por meio de pesquisa em relação às ações ocorridas de acordo com os objetivos e o currículo inseridos neste documento;
- Prorizar objetivos e metas para o ano letivo;
- Construir um plano de formação, o qual deve incluir ações que deverão fazer parte da formação docente, da equipe de apoio e com as famílias;
- Construir o plano de gestão. A equipe gestora deve caminhar em conjunto, e esse plano terá como referência as discussões efetuadas que devem organizar prioridades na utilização das verbas, na organização de horários e férias dos funcionários, linha de tempo da equipe e alunos etc;
- Buscar parcerias que possibilitem um atendimento diferenciado na área da cultura, da saúde e mesmo entre os colegas gestores das escolas que compõem o território.

Em relação ao último item descrito acima as parcerias construídas com os diferentes equipamentos proporcionam ações que colaboram para a qualidade do trabalho desenvolvido durante o ano. Um exemplo positivo relacionado à busca de boas parcerias no território possibilita a organização de um grupo denominado Gestão Colaborativa. Como exemplo podemos citar uma ação que deu certo. A partir dos encontros entre gestores nas formações organizadas pela Diretoria Regional de Ensino, Diretores, Assistentes de Direção e Coordenadores Pedagógicos iniciaram um grupo no ano de 2013 com o Seminário Educação como Desenvolvimento Local, de produção coletiva de conhecimento e troca de experiências sobre Gestão Escolar em territórios de vulnerabilidade social com os seguintes objetivos:

- Fomentar a gestão colaborativa no território (troca de informações e experiências entre escolas)
- Discutir temas e problemas comuns;
- Disseminar boas experiências;
- Refletir sobre formas de promover a equidade nas escolas da região;
- Buscar aporte teórico para favorecer a reflexão do grupo;
- Colaborar com a construção de uma rede de proteção eficaz na região;
- Favorecer mudanças efetivas no currículo e nas práticas cotidianas das escolas envolvidas.

Os encontros presenciais tiveram participantes de equipes de gestão e demais profissionais das escolas municipais da Diretoria de Educação de São Miguel Paulista e Itaim Paulista, com apoio do Centro de Estudos e Pesquisas em Educação, Cultura e Ação Comunitária (CENPEC, 2015, 120p.). Além disso, foi criado um grupo em rede social com a intenção de multiplicar as discussões, bem como notícias e reportagens ligadas aos temas de interesse da Educação, bem como um material publicado pelo CENPEC (Centro de Estudos e Pesquisas em Educação, Cultura e Ação Comunitária).

O trabalho desenvolvido favoreceu o planejamento de uma reunião pedagógica com cinco escolas envolvidas, possibilitando a contratação de uma peça teatral, discussões, trocas de experiências e construção de um questionamento voltado ao trabalho desenvolvido em cada uma das unidades e possibilidade de continuação das discussões nas unidades de ensino.

O exemplo reforça o poder articulador da gestão o muitas vezes se reveza entre Diretor e Coordenador, uma vez que ele consegue envolver a equipe e serve como elo de ligação entre pessoas que fazem parte de escolas do território, onde existem realidades semelhantes e realidades completamente diferentes, as quais colaboram, como forma de aprendizado, para a resolução de problemas que aparecem no cotidiano de cada uma das unidades participantes. Além da ação citada, ocorreram visitas aos espaços de cada um dos gestores participantes que serviram também para a busca de boas ideias na organização dos espaços.

Esse movimento favoreceu a reflexão sobre esse ator social que faz parte da gestão e tem atribuições generalizadas para as diferentes escolas da cidade de São Paulo, com características completamente diferentes, desde o número de pessoas que compõem a comunidade escolar, os diferentes níveis de ensino, até as condições dos equipamentos em que se encontram, mas uma questão é certa: não se pode perder sua função principal, que é o seu papel formador. Para o Coordenador Pedagógico o grande desafio é: como garantir o seu papel como formador nas diferentes interações que acontecem no dia a dia da escola?

Antes de tudo, ao pensar nesse papel, esse profissional tem que ter claro o significado dessa palavra: formação. O dicionário Aurélio online, entre várias palavras, cita dar forma, dar corpo, conceber, constituir. Freire (1996, 12 p.) afirma que "*quem forma se forma e reforma ao formar e quem é formado forma-se e forma ao ser formado*". Ao pensar nesses significados, surge a ideia de que a vida concebida no ambiente escolar é influenciada por alguém que corrobora com o pensamento de BONDÍA (2002, p. 21):

> [...] palavras produzem sentido, criam realidades e, às vezes, funcionam como potentes mecanismos de subjetivação. Eu creio no poder das palavras, na força das palavras, creio que fazemos coisas com as palavras e, também, que as palavras fazem coisas conosco. As palavras determinam nosso pensamento porque não pensamos com pensamentos, mas com palavras, não pensamos a partir de uma suposta genialidade ou inteligência, mas a partir de nossas palavras. E pensar não é somente "raciocinar" ou "calcular" ou "argumentar", como nos tem sido ensinado algumas vezes, mas é sobretudo dar sentido ao que somos e ao que nos acontece. E isto, o sentido ou o sem-sentido, é algo que tem a ver com as palavras. E, portanto, também tem a ver com as palavras o modo como nos colocamos diante de nós mesmos, diante dos outros e diante do mundo em que vivemos. E o modo como agimos em relação a tudo isso. (BONDÍA, 2002, 21 p.)

O autor citado e o significado de formação, nos levam a refletir sobre as ações que dão certo nesse ambiente, com base nas discussões que ocorrem nas formações, que possuem chances de obter resultados positivos, quando o envolvimento é generalizado, quando as pessoas se contagiam e influenciam uns aos outros.

As ações positivas no ambiente escolar são frutos de pesquisas, discussões, de troca de experiências, ideias compartilhadas e envolvimento dos diversos atores sociais.

O Coordenador Pedagógico e seu papel de formador no espaço escolar

Ao avaliar a realidade das escolas, como já citado, é fácil elaborar uma lista de problemas, que é evidente quando a equipe escolar consegue dividir o que é ter foco para superar problemas. Denota-se a partir da experiência na gestão, pensando na figura dos gestores no ambiente escolar, que apesar das constantes reclamações que acontecem no cotidiano da escola, deve-se ter foco ao listar prioridades.

Para isso, surge o questionamento sobre como a ética se coloca, tendo como significado principal a maneira como o indivíduo se comporta diante de uma realidade, pensando sobre suas decisões, as quais têm como consequências situações que influenciam os indivíduos que convivem no mesmo espaço.

Em um país com muitas leis, mas que existem um número de pessoas que se utilizam do senso comum guiando-se pela filosofia que para tudo se dá um jeito, esquecendo-se de fazer uso da legislação, faz-se pensar no que afirma RIOS (2001, p. 38):

> A escola não está nem fora da sociedade, com uma autonomia absoluta diante dos fatores que estimulam as mudanças sociais, nem muito menos numa relação de subordinação absoluta, que a converte em mera reprodutora do que ocorre em nível mais amplo na sociedade. A escola é parte da sociedade e tem com o todo uma relação *dialética* – há uma interferência recíproca que atravessa todas as instituições que constituem o social. Além disso, podemos verificar que a escola tem uma função *contraditória* – ao mesmo tempo em que é fator de manutenção, ela transforma a cultura. (RIOS, 2001, p. 38)

Esse movimento citado pela autora, bem como constante trabalho para se extinguir a filosofia do "jeitinho" deve fazer parte da dinâmica da escola, uma vez que ela é um espaço vivo de formação. Essa formação tem que ser pautada em uma base ética com valores voltados ao bem comum. Para isso, o aprender dinâmico deve acontecer em todas as instâncias da unidade escolar. Não somente na relação professor e aluno, mas sim na relação entre todos os envolvidos na construção do trabalho voltado para o desenvolvimento pleno da criança, jovem ou adulto. Em relação a essas pessoas envolvidas cita-se a comunidade escolar, formada pela equipe escolar e a família dos discentes, todos nos seus diferentes papéis como educadores que influenciam com o seu exemplo muito mais que com o discurso.

> Considera-se que todos(as) os(as) profissionais da Unidade de Educação Infantil são educadores(as) porque contribuem para a formação e crescimento das crianças, cuidando e educando-as. O(a) educador(a) da Infância deve ter um papel fundamental como "observador participativo", que intervém para oferecer, em cada circunstância, os recursos necessários à atividade infantil, de forma a desafiar, promover interações, despertar a curiosidade, mediar conflitos, garantir realizações, experimentos, tentativas, promover acesso à cultura, possibilitando que as crianças construam culturas infantis. (SME / DOT, 2014)

Quando se analisa o papel do Coordenador Pedagógico como responsável por articular as ações no espaço escolar, não dá para restringi-lo apenas ao trabalho com docentes e aos horários de estudo coletivos, mas deve-se ressaltar a importância da integração de todos que pertencem à comunidade escolar (Equipe Gestora, Docente e de Apoio à Educação, pais ou cuidadores, e os próprios alunos), sabendo que a Direção Escolar é a mola propulsora para que diferentes parcerias se concretizem para a qualidade das ações que devem acontecer em prol da construção do conhecimento discente. A sintonia entre equipe gestora é o que favorecerá qualquer tipo de articulação desenvolvida pelo Coordenador Pedagógico.

Nesse contexto, destaca-se a figura do Coordenador Pedagógico, quando ele cumpre o papel de formador da comunidade escolar, ao promover os espaços de discussão e como forma de pesquisa para saber sobre os diferentes olhares, bem como subsidiar todos os envolvidos, os quais citam como exemplos as seguintes ações: encontros formativos com a equipe escolar para aproximar os participantes, enquanto parceiros das ações pedagógicas; a utilização dinâmica da hora de estudos coletivos com as professoras e professores; construção de encontros formativos, juntamente com as professoras, professores, voltados aos pais e utilização das redes sociais, bem como a publicação de posts em blog para orientação, informação e troca de opiniões, ou ainda realização de oficinas elaboradas a partir de experiências práticas ligadas às discussões efetuadas nos horários coletivos de estudo.

As experiências que se constroem através dessas interações devem ser imbuídas sempre de empatia. Torna-se desgastante quando os indivíduos envolvidos em uma interação têm dificuldade de se colocar no lugar do outro ou ainda não se ter a habilidade de escuta. Tudo fica mais simples (ou menos complicado) quando as opiniões, mesmo que não sejam iguais, mas sejam respeitadas e colocadas na balança em prol da aprendizagem.

A existência de um Coordenador Pedagógico nesse contexto carrega concepções da teoria proposta por Paulo Freire:

> Lidamos com gente, com crianças, adolescentes ou adultos. Participamos de sua formação. Ajudamô-los ou os prejudicamos nesta busca. Estamos intrinsecamente a eles ligados no seu processo de conhecimento. Podemos concorrer com nossa incompetência, má preparação, irresponsabilidade, para o seu fracasso. Mas podemos, também, com nossa responsabilidade, preparo científico e gosto do ensino, com nossa seriedade e testemunho de luta contra as injustiças, contribuir para que os educandos vão se tornando presenças marcantes no mundo. (FREIRE, 1997b, p. 47)

Ao observar as ações ou reações de diferentes pessoas, é notável o reflexo das marcas que suas histórias constituíram. Alguns conservam essas marcas como feridas abertas, doloridas e enxergam as adversidades como mais uma ameaça que provocará a piora dos ferimentos. A fragilidade causada cria uma nuvem nos olhos, o que impede de discriminar determinadas situações com clareza. Fato esse que gera diferentes conflitos no ambiente de trabalho.

Considerada tal informação, o Coordenador Pedagógico cria a possibilidade de minimizar possíveis conflitos no desenvolvimento de um trabalho coletivo. Desse modo, ao construir uma reunião pedagógica deve-se ter o preparo para os diferentes olhares, mas não perder o foco principal que é a construção de um trabalho com compromisso, levando-se em consideração as potencialidades de cada um. Lidar com respeito com os diferentes olhares é imprescindível. Os problemas devem ser pautados e separar o que é urgente e serve como obstáculo para a realização das ações e para o que dá vida ao espaço escolar.

Os documentos oficiais norteiam a construção das ações, mas eles não estão sozinhos, deve-se pensar nas pessoas que exercem seus papéis como educadores, são as pessoas que dão vida e transformam pequenos gestos em ações de qualidade no dia a dia da escola. A formação junto à equipe docente tem um papel muito importante, pois as discussões no espaço formativo viabilizam a concretização das ações que ocorrem na unidade escolar.

O pensamento de Freire (1997, 8p.) se faz lembrar quando se coloca o professor e o Coordenador na dinâmica da construção do fazer pedagógico. Conforme colocamos a seguir:

> [...] tarefa do ensinante, que é também aprendiz, sendo prazerosa é igualmente exigente. Exigente de seriedade, de preparo científico, de preparo físico, emocional, afetivo. É uma tarefa que requer de quem com ela se compromete um gosto especial de querer bem não só aos outros, mas ao próprio processo que ela implica. (FREIRE, 1997, p. 8)

Ao pensar no trabalho realizado pelos professores de uma unidade escolar, seja ela particular ou pública, de Educação Infantil, Ensino Fundamental ou Médio, é oportuno se pensar que independente do trabalho coletivo, dos problemas e das potencialidades que se agregam no espaço escolar, o ensinante (sujeito que ensina) é a chave para a aprendizagem na vida das crianças ou dos adolescentes. O vínculo que se estabelece e o desejo de ensinar e o de aprender é que faz toda a diferença nos resultados obtidos numa sala de aula. É claro que os fatores internos e externos citados por Fernández (1991) também influenciarão na qualidade dos resultados, mas é fato que resultados muito positivos são conquistados quando desejo e vínculo caminham de mãos dadas entre docente e discente. Fernández (1991) afirma que os problemas de aprendizagem se relacionam aos fatores internos ligados à herança familiar, no que se refere ao organismo, à inteligência e ao desejo. Os fatores externos estão relacionados à instituição escolar e como ela leva em consideração *"a capacidade intelectual e lúdica, a corporeidade, a criatividade, a linguagem e a liberdade do aprendente"*.

É fato que o aprender dinâmico deve acontecer em todas as instâncias da escola. Não somente na relação professor e aluno, mas sim na relação entre todos os envolvidos na construção do trabalho voltado para o desenvolvimento pleno do aluno.

A Secretaria Municipal de Educação da cidade de São Paulo proporciona ao professor das Escolas Municipais de Educação Infantil (EMEIs), Escolas Municipais de Ensino Fundamental e Médio (EMEFs e EMEFMs) oportunidade para que o professor faça uma jornada de trabalho denominada de Jornada Especial Integral de Formação- JEIF, que se compõe de 25 horas aulas de 45 minutos com o aluno, mais 11 horas aulas divididas em 8 de estudos coletivos e as outras 3 são para que o professor organize atividades, faça correções, planeje ações, entre outras. Outra opção de jornada é a Jornada Básica de Desenvolvimento - JBD, a qual excluem-se as 8 horas citadas anteriormente. No Centro de Educação Infantil o docente trabalha Hora Relógio e sua jornada se compõe de 25 horas semanais com os bebês e crianças, 3 horas semanais de estudo coletivo e duas horas livres para organizar suas ações em local de livre escolha.

Além disso, a legislação coloca a necessidade de se desenvolver o Projeto Especial de Ação, o qual dá parâmetros sobre os assuntos a serem discutidos no horário coletivo de estudo, bem como a relação desse com as ações efetuadas com as crianças ou adolescentes. Esse Projeto deve ser elaborado conforme portaria específica e faz parte do plano de formação do Coordenador Pedagógico.

Com base nos objetivos e metas levantados para a escola, a formação deve subsidiar o trabalho dos participantes para o desenvolvimento de suas ações junto aos alunos. Para isso um tema é levantado e é planejado um conteúdo com uma referência para ser desenvolvido durante o ano. Deve ficar claro para os professores as intenções de cada encontro e sobre qual assunto o grupo deverá discutir, diariamente deve ser apresentada a pauta, organizada em livro ata ou encadernada, local onde registra-se um resumo das discussões ocorridas. Ver anexo 2, proposta de organização.

Formação para a equipe de apoio

É importante que a escola organize momentos de reuniões com a equipe de apoio. Quando as pessoas que compõem esse setor na escola se percebem como indivíduos, que têm voz e que influenciam o andamento das ações planejadas na escola, evidencia-se redução de conflitos que ocorrem no dia a dia com as questões voltadas à rotina escolar. Alguns temas propostos são: legislação relacionada às funções de cada um que compõe a equipe escolar; projeto Político Pedagógico e informações sobre as ações relacionadas aos projetos desenvolvidos; informações pertinentes ao dia a dia, bem como a utilização desse momento para responder aos questionamentos do grupo; textos de reflexão e dinâmicas relacionadas à ética e valores humanos.

Quanto à periodicidade, nota-se que na prática aos poucos torna-se parte da rotina, seno importante encontros semanais como ocorrem as formações com docentes. Uma vez que reuniões mais espaçadas diluem assuntos importantes, que podem ser discutidos com maior eficácia nos encontros semanais.

Referências

BONDÍA, Jorge Larrosa. *Notas sobre a experiência e o saber de experiência*. Tradução João Wanderley Geraldi. Revista Brasileira de Educação, Rio de Janeiro, n. 19, p. 20-28, jan./fev./mar./abr. 2002. Disponível em: http://www.scielo.br/pdf/rbedu/n19/n19a02.pdf. Acesso em: 10 jan. 2017.

DOMINGUES, Isaneide. *O coordenador pedagógico e a formação contínua docente na escola.* 1ª edição. São Paulo: Cortez, 2014.

FERNÁNDEZ, Alícia. *Inteligência aprisionada* /Alícia Fernandez: tradução Iara Rodrigues. Porto Alegre: Artes Médicas, 1991.

FREIRE, Paulo. *Pedagogia da autonomia – saberes necessários à prática educativa.* 28ª ed. Rio de Janeiro: Paz e Terra, 1996.

_________. *Professora sim, tia não – cartas a quem ousa ensinar.* São Paulo: Editora Olho d´Água, 1997. 8 e 32 pp.

LUCK, Heloísa. *Dimensões de gestão escolar e suas competências.* Curitiba: Editora Positivo. 2009. 23p.

RIOS, Terezinha Azerêdo. *Ética e competência.* 7ª edição. São Paulo: Cortez Editora, 2001.

_____________. *Secretaria Municipal de Educação. Diretoria de Orientação Técnica. Orientação normativa nº 01: avaliação na educação infantil: aprimorando os olhares – Secretaria Municipal de Educação.* – São Paulo: SME / DOT, 2014, 15 p.

Sites

CENPEC. SANTOS, Alexsandro; MELLO, Hivy Damasio Araújo: GUSMÃO, Joana Buarque de. *Construindo a gestão escolar colaborativa: a experiência de um grupo de gestores.* CENPEC. São Paulo. 2015 120p. Disponível em: http://cadernos.cenpec.org.br/cadernos/index.php/cadernos/article/view/330/320. Acesso em: jan. 2016

https://dicionariodoaurelio.com/formador. Acesso em 06/03/2018

LOPES, Noêmia. *O que é o projeto político-pedagógico* (PPP). Disponível em: https://gestaoescolar.org.br/conteudo/560/o-que-e-o-projeto-politico-pedagogico-ppp < acesso em 26/04/2014)

SÃO PAULO. Prefeitura Municipal de São Paulo. *Decreto nº 54.452, de 10 de outubro de 2013. Institui, na Secretaria Municipal de Educação, o Programa de Reorganização Curricular e Administrativa, Ampliação e Fortalecimento da Rede Municipal de Ensino – Mais Educação São Paulo. Publicado na Secretaria do Governo Municipal, em 10 de outubro de 2013.* Publicado em Diário Oficial da cidade de São Paulo. Disponível em: http://www.sinesp. org.br/index.php?option=com_content&view=article&id=11186:decreto-no-54452-de 10-de-outubro-de-2013-institui-na-secretaria-municipal-de-educacaoo-programa-de-reorganizacao-curricular-e-administrativa-ampliacao-e-fortalecimento-da-rede-municipal-de-ensino--mais-educacao-sao-paulo&catid=48:saiu-no-doc&Itemid=221. Acesso em: 23 out. 2013.

Capítulo 5

Sonhos e trajetória

Maria Eliana Santana dos Santos Lara

> *Para que as coisas mudem, você tem que mudar. Para que as coisas melhorem, você tem que melhorar. Para ter o que nunca teve, faça o que nunca fez.*
>
> *Jim Rohn*

Inicio aqui falando dos meus sonhos, trajetória, angustias e preocupações com algo que me incomoda e ao mesmo tempo me move para caminhos novos, lugares ainda desconhecidos que me chamam a revelar novos conhecimentos. São caminhos e descaminhos assertivos que me levam a acreditar nas novas mudanças.

Na certeza de ser possível mudar me coloco como uma aprendente em constante transformação. Nesta trajetória quero poder olhar meus alunos para além do sujeito, que descubram a coragem quem possuem e lancem-se com coragem para mudar e poder escrever a sua própria história.

Sei que só foi possível chegar até aqui por assumir uma postura profissional, com responsabilidade, compromisso e envolvimento porque me permiti percorrer caminhos não conhecidos e busquei aprender sempre. Permiti-me abrir outros horizontes e ampliar meu olhar e a cada novo olhar me conduziram para além das experiências por mim vividas e conseguisse me reencontrar em uma nova dimensão. Aventurei-me por grandes descobertas, e assim me descobrir como um ser capaz de mudar e provocar mudanças mesmo que pequenas. Por isso continuo sonhando. Durante toda minha trajetória escolar sonhar parecia algo tão distante, e mesmo naquele tempo me permitir sonhar. Se foram sonho impossível não se sei! Por que não tive tempo para pensar nas barreiras e sim no que me movia e fazia acreditar que era possível.

Reportando-me para o passado vejo quantos aprendizados e quantas escolhas eu tive que fazer para chegar até aqui, não foi fácil.

Olhando as minhas professoras já sabia o que gostaria de ser e ao mesmo tempo como não seria. E foi com esses exemplos de não querer ser e nem pensar como algumas delas, que me desafiei em ser quem sou hoje. Durante esta minha trajetória fui descobrindo que sonhar é possível e realizar sonhos é mais fascinante ainda. Desde sempre o meu percurso na educação sempre me inquietou, tinha e continuo tendo a certeza que sonhar é um direito de todos realizá-los então é dever de quem pode fazê-los reais. A educação durante a minha trajetória sofreu e vem sofrendo diversas mudanças e este processo de mudança que move o pensar que me dá certeza do direito a ser, de construir caminhos novos e até mesmo de (re) construí-los. E como sonhadora que continuo sendo procuro construindo caminhos onde todos tenham as mesmas oportunidades e direitos.

A educação é um movimento incerto mais com uma certeza absoluta a aprendizagem o conhecimento, que devem estar à disposição e ao alcance de todos independente de classe social. Oferecer uma educação de qualidade é mais que obrigação é um dever. Quando tanto a Constituição Federal (artigo 227, CF/88) como o Estatuto da Criança e do Adolescente (artigo 4º da Lei nº 8.069/90) preveem que a família, a sociedade e o Estado devem assegurar os direitos fundamentais desses sujeitos, e aí se inclui a educação, com absoluta prioridade. Sendo um direito fundamental, este direito deve ser visto, sobretudo, de forma coletiva, de ações afirmativas que ofereçam à sociedade instrumentos para alcançar seus fins.

Pergunto-me porque continuamos a "negá-la" a quem tem direito? Porque ao invés de ser um facilitador ainda nos deparamos com alguns professores resistentes que se colocam como centro quando sabemos que o centro não é ele, e sim os alunos que chegam com uma sede enorme de aprender, realizar sonhos e aos poucos todas essas energias são sugadas e os sonhos sufocados por quem deveria guiá-los pelo caminho, caminhos esse onde alguns são esquecidos outros nem lembrados são e ao final da viagem muitos se perderam e o professor nem se deu conta, estava tão preocupado em provar o fracasso de alguns, fracasso este que ele mesmo fez questão de criar, com suas aulas que não tem sentido um planejamento que não inclui ninguém que foi construído para dizer ao aluno que ele é um "fracassado." Planejamento que não inclui sem flexibilidade e que não responde as necessidades de quem precisa e mesmo assim é visto como uma bíblia onde a verdade está centrada e não pode ser mudada.

Dentro deste movimento de dominantes e dominados vão o tempo todo tentando mostrar que o poder está com eles e que as regras são eles que fazem, por muitas vezes utilizam suas frustrações de algum momento de sua vida para também fazer com que esses alunos se sintam também incapazes de aprender.

E neste movimento destrutivo o único culpado é o sistema, a escola, o currículo, a família e o próprio aluno, porque a preocupação é dar conta de um planejamento que não supre as necessidades dos alunos e não está relacionado com o Projeto Político Pedagógico da escola.

Não temos mais tempo e nem espaço para essas ações desmedidas e práticas que maltratam e excluem. É urgente pensar em novas posturas e práticas que acolham e ensinem sem exclusão. Pensar o currículo é analisar e refletir as práticas educativas que estão postas e práticas que não responda as necessidades dos educandos. Não há mais espaço para essas posturas em uma escola que pensa na educação para todos e de qualidade.

As mudanças na educação são inevitáveis e com isto temos que perceber que o conhecimento deve ser visto de outra forma, não pode ser mais uma mera transmissão de conhecimento e sim buscar uma educação de qualidades e as novas tecnologias estão aí para nos ajudar e quando bem utilizadas podem qualificar as nossas práticas pedagógicas e ajudar nas mudanças necessárias.

Sabemos que cada professor tem sua forma de preparar suas aulas com objetivos já traçados e pensando nas novas tecnologias essas aulas precisam ser bem organizadas de forma que se mostre dinâmica, inovadora, de maneira apropriada e contextualizada que tragam significado.

Segundo MORAN (2000): "uma parte importante da aprendizagem acontece quando conseguimos integrar todas as tecnologias, as telemáticas, os audiovisuais, as textuais, as orais, musicais, lúdicas, corporais".

O desafio está em conseguir fazer um trabalho integrado com outros professores, tornando a aprendizagem um processo global e interdisciplinar, compartilhando experiências construídas com junto com seus alunos. Através deste trabalho é preciso que mais que professores, se tornem mediadores que ajudem os alunos para que os mesmos possam ressignificar e compreender as informações escolhidas durante o processo.

É preciso planejar o uso das novas tecnologias visando à aprendizagem dos alunos. Não podemos nos apegar em práticas ultrapassadas necessitamos de educadores abertos a mudanças que consigam perceber que a dinâmica da escola muda o tempo todo e essas mudanças também modificam a realidade da educação, dos nossos alunos, eles já não são mais passivos como antes, pela condição histórica, mais sim educandos que vivem em uma realidade cheia de informações que fazem suas escolhas, não aceitam mais qualquer coisa como verdadeira. Trazer todas essas informações para o cerne da escola e discutir com seus pares como devemos nos colocar para que tantas informações e conhecimentos que nossos educandos trazem para o chão da escola e da sala de aula.

Precisamos permitir que os alunos deixem claro quais são suas angustias e anseios, dar-lhes voz e vez para que possam dizer o que esperam da escola. Quando oportunizamos esse diálogo também estamos nos permitindo a conhecer para que o nosso trabalho tenha um norte que nos leve a um aprendizado real e de qualidade.

Precisamos nos despir dos velhos conceitos e pensamentos para que consigamos deixar que o novo tenha espaço, para responder aos anseios e expectativas que nossos alunos trazem. Acredito que este é nosso verdadeiro papel enquanto educadores e comunidade educativa; colocar a educação de qualidade como prioridade respeitando o tempo e o espaço de cada um como seres únicos e importantes no processo do conhecimento e do ensino aprendizado.

O nosso grande mestre Paulo Freire diz que, "Educar é impregnar de sentido o que fazemos a cada instante". (PAULO FREIRE, 1997). Ter autonomia significa construir um espaço de liberdade e de responsabilidade para que sejamos capazes de elaborar nosso próprio plano de trabalho, respondendo às demandas que a comunidade escolar e a sociedade esperam. A autonomia permite à escola a construção de sua própria identidade e espera uma atuação da equipe escolar que a torne sujeito histórico de suas práticas.

No sentido pleno da palavra, a escola é responsável pela promoção do desenvolvimento do cidadão e cabe a ela pensar qual tipo de cidadão deseja formar. Definindo os caminhos que deverão ser percorridos e quais são mudanças julgam as necessárias para que essas mudanças realmente aconteçam. Pensemos a escola como um local de aprendizagem, de encontro de pessoas, onde compartilhamos conhecimentos, ideias, sentimentos, que acolhe pessoas diferentes com saberes e valores diferentes, local de conflitos, se faz necessário repensar a maneira como esse processo se dá dentro desta comunidade chamado escola.

Neste sentido a escola deve organizar-se para formar cidadãos críticos capazes de refletir e criticar a sua própria realidade buscando superar as desigualdades e alcançando o respeito ao ser humano. Quando a escola juntamente com a sua equipe se empenha em transformar a realidade local, oportuniza aos educandos buscar caminhos para que seus sonhos e objetivos sejam alcançados. Para tanto se faz necessário à elaboração de uma proposta que responda as necessidades reais da comunidade e seja facilitadora desse processo.

Pensando a escola como ambiente democrático se faz necessário criar espaço para que as participações e reflexões coletivas sobre o seu papel junto à comunidade aconteçam. A elaboração do Projeto Político Pedagógico ganhará força na medida que todos fizerem parte desta construção.

É preciso ter claro que para se conquistar a autonomia e estabelecer sua identidade, o fazer pedagógico não pode ser confundido com um trabalho isolado transformando em um fazer solitário onde cada um faz o que acha correto, autonomia é muito mais que isto é não confundir com o descompromisso, implica em compromisso e participação de todos. É urgente criar propostas que mobilizem e garantam o real acesso e permanência dos alunos na escola, propostas estas que resultem em uma construção de uma escola democrática e de qualidade, somente assim a escola estará cumprindo o seu verdadeiro papel.

Em 1996, a lei de Diretrizes e Bases da Educação Nacional (LDBN, 1996), coloca que todas as escolas precisam ter um documento que explicite as características que todos que compõe a escola como gestores, professores, pais e alunos desejam construir e qual formação pretendem, este documento de construção coletiva é o caminho para transformar sua realidade cotidiana em algo melhor. A elaboração do Projeto Político Pedagógico se bem elaborado e construído por todos permite mudanças na maneira de agir e pensar de cada um. Precisa estar articulado e amparado por concepções teóricas e os interesses coletivos. Faz-se necessário pensar quem são os protagonistas deste processo e fazendo crescer do chão da escola, local privilegiado onde as discussões devam ser pensadas, criadas para que os autores e atores sejam de fato os sujeitos mais autênticos possível do processo, em uma construção continua que mantenha coerência e diga não a toda forma de exclusão.

Deve ser um conjunto de diretrizes que norteie a prática pedagógica, um instrumento que ajudem todos os envolvidos a criarem condições para colocar em prática o que é especifico da escola o ensino aprendizagem. Essa construção coletiva onde todos os segmentos estão envolvidos é que mostram a vontade do coletivo e suas intenções.

O Projeto Político Pedagógico não deve refletir desejos individuais. É um documento que deve ser construído dia a dia, refletindo sobre caminhos possíveis que precisam ser percorridos e partir das reflexões e indagações que surgem nas práticas.

Uma escola que busca um rumo e melhorias, deve ter em mente o trabalho deve ser pautado em buscas de novas maneiras que se pensar e fazer a educação para cada vez mais responder os anseios de nossa clientela. Precisamos prestar um serviço de qualidade, identificando o potencial de todos os segmentos para que seja possível oferecer um trabalho que venha de encontro a uma educação de qualidade. Na perspectiva de uma construção que possibilite novas relações sociais e formação de uma escola como espaço público, ela deve ser capaz de transformar as práticas pedagógicas para que a tão sonhada escola de qualidade consiga nascer.

Se buscarmos a tão sonhada escola de qualidade precisamos pensar que ela está relacionada diretamente com o Projeto Político Pedagógico que precisa ser capaz de responder a todas as demandas e anseios tanto dos alunos como de toda a comunidade escolar. Para que isto ocorra é preciso que o Projeto Político Pedagógico esteja o tempo todo em construção.

Enfim, penso que a escola precisa criar outra forma de se organizar para responder a tantos anseios, buscando de dentro para fora e não ao contrario para que o trabalho coletivo realize seu papel que é imprescindível na tarefa de da construção do projeto político pedagógico e do conhecimento. Que o empenho de todos os participantes de fato se transforme em reflexão – ação para que sua proposta seja consolidada e tenha continuidade, e que essas reflexões nos leve a um processo coletivo que amplie as possibilidades e tragam mudanças que se fazem necessárias dentro e fora da escola.

Referências

BRASIL. Constituição (1988). *Constituição da República Federativa do Brasil.* Brasília, DF: Senado Federal: Centro Gráfico, 1988.

______. *Estatuto da Criança e do Adolescente.* Lei Federal 8069 de 13/07/1990.

______. *LDBEN. Lei nº 9394/96 – Lei de Diretrizes e Bases da Educação Nacional.* 1996.

CORTELLA, M. S. Educação, Convivência e Ética - Audácia e Esperança! São Paulo: Cortez, 2015.

MORAN, J. M. *Ensino e aprendizagem inovadores com tecnologias - José Manuel Moran Especialista em projetos inovadores na educação presencial e a distância.* Artigo publicado na revista Informática na Educação: Teoria & Prática. Porto Alegre, vol. 3, n.1 (set. 2000) UFRGS. Programa de Pós-Graduação em Informática na Educação, pág. 137-144.

Capítulo 6

Um olhar sobre a função social da escola

Estela Vanessa de Menezes Cruz

> *Um homem completo possui a força do pensamento, a força da vontade e a força do coração. A força do pensamento é a luz dc conhecimento; a força da vontade é a energia do caráter; a força do coração é o amor.*
>
> *Ludwig Feuerbach*

É do saber de todos que a vida em sociedade sofre mudanças com o passar do tempo. Essa mudança social no que diz respeito ao ser humano, homens e mulheres, transita de um pensar e agir coletivo para uma situação de condições privadas, para tanto o poder que o ser humano exerce, diante de seu grupo, rege as relações sociais naquele contexto.

A escola é uma das instituições, para não dizer a única, pela qual todos os homens e mulheres deveriam passar. Sabemos ainda que diante de todas as instituições sociais conhecidas, a escola foi aquela que menos sofreu transformações. Oliveira e Coll (2005), enfatizam a questão da escola no contexto capitalista e sua inserção histórica:

> Com o advento da sociedade capitalista e com o aperfeiçoamento da maquinaria, muda não só a forma de organização da sociedade, mas também as relações sociais de produção, a concepção de homem, de trabalho e de educação. Na sociedade organizada sob o modo de produção capitalista, o homem não é aquele ser histórico que se humaniza nas relações que estabelece com outros homens, mas resume-se ao indivíduo que vende a sua força de trabalho e, ao vendê-la, transformasse em fator de produção. (OLIVEIRA, 2005, p. 1)

Diante desta forma de educação tecnicista fica notável a relação entre a classe dominante e a classe dominada. Ou seja, os meios de produção em parceria com os meios educacionais, por décadas tiveram como objetivo a formação do indivíduo para o mundo do trabalho: estudava-se com a vaga garantida nas empresas. A preocupação com a formação global do indivíduo praticamente não existia, gerando significativa desigualdade educacional e social.

Hoje, a Lei nº 9394/96 – Lei de Diretrizes e Bases (LDB) prevê que o Ensino Médio é a etapa final da Educação Básica, logo o indivíduo ao final do ensino médio deve ter tido uma formação global, ou seja, formado enquanto cidadão, apto para o mundo do trabalho e para ingressar no Ensino Superior. Para que este objetivo seja cumprido o poder público busca distribuir igualmente os recursos educacionais de forma que todos os educandos tenham as mesmas oportunidades, porém nem sempre esta condição inicial é atendida.

Se retomarmos a lógica da produção capitalista onde existe a venda da força de trabalho, mantendo o poder na mão da classe dominante e a força de trabalho entre os dominados, estamos mantendo a finalidade de habilitar técnica, social e ideologicamente a servidão ao mundo do trabalho.

Transpondo para a educação, segundo Frigotto(1998):

> trata-se de subordinar a função social da educação de forma controlada para responder às demandas do capital. Diferentemente da perspectiva dominante, para a classe trabalhadora a "educação é, antes de qualquer coisa, o desenvolvimento de potencialidades e apropriação de 'saber social' (conjunto de conhecimentos e habilidades, atitudes e valores que são produzidos pelas classes, em uma situação histórica dada de relações, para dar conta de seus interesses e necessidades)" (FRIGOTTO, 1998, p. 26).

Devemos, então, transpor a educação da ótica capitalista da força de trabalho e nos apropriarmos do "saber social" de forma a garantir o *Welfare State*[4], largamente sustentado por Talcott Parsons. Para Parsons,

[4] O Estado de bem-estar social, chamado de Estado-providência e Estado social, também é conhecido por sua denominação em inglês, Welfare State; é aquele no qual o Estado é organizador da política e da economia, sendo responsável pela defesa social. Os termos servem basicamente para designar o Estado assistencial que garante padrões mínimos de educação, saúde, habitação, renda e seguridade. O Welfare State pretende que dentre as responsabilidades do Estado devem ser garantidas as necessidades básicas do cidadão. Defendido por PARSONS, Talcott, no livro O Conceito

existe um constante dinamismo das noções de conflito e de equilíbrio, conceitos estes muito presentes na escola, onde os quais devem ser geridos com o foco no indivíduo e em seu desenvolvimento, não apenas em prepará-los para o mundo do trabalho, mas objetivando a formação integral do homem, ou seja, o desenvolvimento físico, político, social, cultural, filosófico, profissional, afetivo, entre outros.

Se queremos conceber um homem integral, constituído biológica, material, afetiva, estética e ludicamente, a função da escola deve estar voltada e focada nestes aspectos. Portanto, no desenvolvimento das práticas educacionais, precisamos ter em mente que os sujeitos dos processos educativos são meninos e meninas, moças e rapazes, homens e mulheres, constituintes de suas múltiplas e históricas necessidades.

Temos um cenário de dezenas de concepções de aprendizagem e consequentes práticas pedagógicas nas mais diferentes escolas, no entanto todas consideram os aspectos históricos dos indivíduos em aprendizagem, seja como ponto de partida ou como instrumento de avaliação prévia. Contudo, as práticas pedagógicas deverão estar atentas as possíveis transformações que possam ocorrer no meio e com os indivíduos da sociedade em questão. A escola tem, portanto, um incontestável papel social no desenvolvimento dos processos educativos, assim como na sistematização e socialização da cultura historicamente produzida pelos indivíduos que por ela passam, sejam crianças, jovens ou adultos.

A educação é um importante objeto de equidade social. Quando pensamos nesta condição, podemos justificá-la a partir da ideia fundamental de Durkheim reescrita por Alves:

> Os indivíduos que participam dos mesmos grupos e da mesma sociedade compartilham valores, crenças e normas coletivas que os mantém integrados. Uma sociedade somente pode funcionar se tais valores, crenças e normas constrangem as atitudes e os comportamentos individuais provocando uma solidariedade básica, que orienta as ações dos indivíduos. (Alves, p. 1)

---

de Sistemas Sociais - Os componentes de Sistemas Sociais. In: CARDOSO, F.H. e IANNI, O. (Orgs.) Homem e Sociedade. Leituras Básicas de Sociologia Geral. S. Paulo: Companhia Editora Nacional, 1975.

Diante dos conceitos apresentados por Durkheim existe a expressão "consciência coletiva", ou seja, a expressão da combinação entre o que várias instituições como família, escola, igreja, controle social e até a punição do crime compõem a respeito de um dado assunto ou situação, de forma a manter integralmente viva a consciência coletiva. Logo, se a escola compõe esta consciência coletiva, os indivíduos integrantes formam o que chamamos de subsistemas sociais e seus respectivos posicionamento no que diz respeito aos valores, crenças e normas sociais que mantêm os grupos e as sociedades integrados.

Ao discutirmos a função social da escola, estamos entendendo a educação no seu sentido ampliado, ou seja, conforme: Oliveira(2005):

> ... enquanto prática social que se dá nas relações sociais que os homens estabelecem entre si, nas diversas instituições e movimentos sociais, sendo, portanto, constituinte e constitutiva dessas relações. O homem, no processo de transformação da natureza, instaura leis que regem a sua convivência com os demais grupos, cria estruturas sociais básicas que se estabelecem e se solidificam à medida que se vai constituindo, diante de sua realidade local, a formação humana. (OLIVEIRA, 2005 p. 2)

Só podemos afirmar que a escola pode ser entendida como criadora do homem se ela cumprir a finalidade pela qual foi criada, ou seja, que seja capaz de formar sujeitos históricos, possibilitando a sua socialização e a construção do conhecimento individual e coletivo durante todo o processo de aprendizagem. Para Oliveira (2005):

> A educação, como prática social que se desenvolve nas relações estabelecidas entre os grupos, seja na escola ou em outras esferas da vida social, se caracteriza como campo social de disputa hegemônica, disputa essa que se dá na perspectiva de articular as concepções, a organização dos processos e dos conteúdos educativos na escola e, mais amplamente, nas diferentes esferas da vida social, aos interesses de classes. (OLIVEIRA, 2005 p. 2)

A escola também possui suas características políticas e são através de seus sistemas políticos que a escola se relaciona com outros subsistemas da sociedade, e devemos entender estes subsistemas como a economia, a família e a comunidade social como um todo, ou seja, a função destes subsistemas é manter as solidariedades que uma sociedade pode exigir de seus membros.

Como a escola é um subsistema da sociedade, mas também é composta por outros subsistemas, ela está sujeita aos fatores de produções intelectuais da sociedade, mas também faz produções determinantes para o contexto social. Portanto, os subsistemas da escola necessitam ser bem administrados para que os objetivos de ensino e aprendizagem sejam atingidos, caso contrário, teremos desvios da função social da escola. Para Alves (2007):

> Para Durkheim essas formas de "desvios" sociais não são consequências da perversão ou de aberrações dos indivíduos; são, sim, consequências da própria estrutura social que, enfraquecida, produzia um estado de anomia, isto é, um estado de enfraquecimento ou ausência de leis e normas. Sem normas claras, os indivíduos não sabem como agir e se entregam à ganância, às paixões, ao crime e mesmo ao suicídio. (Alves, 2007, p. 1)

Em uma sociedade desestruturada os indivíduos têm uma maior dificuldade em socializar-se e internalizar as normas que lhe são necessárias, contudo a questão dos limites, que devem ser seguidos pelos indivíduos, fica fragilizada, e esta fragilidade é amplamente percebida nas escolas. "Quanto mais os homens possuem, mais eles querem, já que as satisfações estimulam em vez de preencher as necessidades" Émile Durkheim (1978).

Neste contexto, acabam surgindo políticas educacionais como um subsistema social, na busca de objetivos coletivos e a mobilização dos atores e dos recursos da sociedade tendo em vista abrigar os objetivos previamente determinados e que por fatores diversos perderam seu foco. A política educacional abrange, pois, todas as tomadas de decisão, de organização e de mobilização dos recursos desse sistema, em particular das escolas públicas que são representadas pelo Estado.

Diante da escola como um conjunto de subsistemas alocado em um sistema maior e em Parson (1975), queremos aqui ressaltar que a educação inclusiva também deve se refletir como um sistema que deve cumprir com suas obrigações, uma vez que em algum estágio de anomia, como descrito por Durkheim, surgem para legitimar os objetivos do coletivo, como então afirma a nossa Constituição Federal de 1988:

> Art. 206: o ensino será ministrado com base nos seguintes princípios:
> I – igualdade de condições para o acesso e permanência na escola;
> Art. 208: O dever do Estado com a educação será efetivado mediante a garantia de:
> III - atendimento educacional especializado aos portadores de deficiência, preferencialmente na rede regular de ensino.

Atendendo ao determinado pelo artigo 208 § III:

> Falar de inclusão é traduzir angústias e insatisfações de toda ordem, de maior ou menor relevância. Dependendo do grau de constrangimento imposto por barreiras instituídas pela configuração de diferentes práticas sociais e pela formação cultural dos diferentes segmentos que constroem suas relações, enquanto sujeitos ou objetos de suas próprias histórias. Esse princípio permite afirmar que a inclusão só pode ser entendida pela exclusão social, ou seja, no contraponto de sua intencionalidade. (Osório, p. 2, 2004)

Diante de um capitalismo instituído dois grupos são compostos: os que detêm poder (capital) e os submetidos aos flagelos gerados por esse poder, parte da população maior. O sistema capitalista instituído em nosso país caracteriza-se pela segregação, pelo preconceito, dando condições a expansão da coação da discriminação social. Por isso, se consolida a cada dia a luta por uma escola inclusiva que atenda a todos, sem discriminação e seja garantido o direito de acesso e permanência na escola.

Falar de uma possível inclusão é provocar uma quebra de paradigma na então instituição chamada escola: "[...] sobretudo e acima de tudo contra os efeitos centralizadores de poder que são vinculados à instituição e ao funcionamento de um discurso científico no interior de uma sociedade como a nossa" (Foucault, 2002, p. 14).

Para uma educação inclusiva efetiva é necessária implementação de política educacional consistente, assim como práticas pedagógicas não discriminatórias. Devemos aqui relembrar que a garantia do direito de acesso e permanência à escola tocam a educação integral, ou seja, a qualidade dessa educação está ligada aos fatores motores, cognitivos e mentais, presentes ou não no indivíduo, e devem ser integrantes do Projeto Pedagógico das escolas, uma vez que é um documento vivo e composto por toda a comunidade escolar. De toda a comunidade escolar (sistema), os professores são um segmento (subsistema) particularmente importante na promoção do ensino inclusivo. Para tanto é necessário formação para que possam lidar com esta nova situação ampliando a visão dos processos de ensino e aprendizagem promovendo a inclusão. Quando falamos de inclusão devemos levar em consideração a inclusão didática que deve estar de acordo com todas as necessidades dos alunos em questão, de tal forma que esteja incluído socialmente ao grupo escolar ao qual pertence. Além disso, que o convívio seja produtivo e estes indivíduos também possam contribuir nas ações sociais.

Infelizmente, o professor ainda se sente despreparado para lidar com educandos com comprometimentos severos, que necessitam de assistência constante. Da mesma forma que o aluno deve ser incluído, estes professores precisam ser acolhidos e preparados de forma segura, a fim de que possam realizar o seu trabalho com tranquilidade e segurança. Para tal, programas de formação devem ser implementados de forma efetiva e com especificidades para a educação pela inclusão.

Portanto o papel social da escola está atrelado ao trabalho do respeito às diferenças, na socialização dos grupos "diferentes" tendo uma relação igualitária nos direitos e deveres, compondo aquilo que chamamos de função social da escola, ou seja, a formação integral do homem — o desenvolvimento físico, político, social, cultural, filosófico, profissional, afetivo, entre outros, não apenas às questões tecnicista que o capitalismo nos colocou enquanto sociedade.

Portanto, as condições humanas dignas, dos que frequentam as escolas brasileiras, devem ser garantidas em todos os âmbitos escolares, de forma que possam desenvolver suas potencialidades, com ou sem deficiência, partindo do pressuposto que todos são capazes de aprender e construir seus próprios sonhos, sendo sujeitos ativos de sua existência independente de suas limitações.

Referências

ALVES, M. X., Émile *Durkheim* in http://jornalista.tripod.com/%20teoriapolitica/Acesso%20 em% 2008/03/2018. ÈMILE DURKHEIM. Adaptação de: ALVES DE SOUZA, João Valdir. *Introdução à Sociologia da Educação.* Belo Horizonte: Autêntica, 2007.

BRASIL, Lei de Diretrizes e B. Lei nº 9.394/96, de 20 de dezembro de 1996.

______. Constituição Federativa do Brasil, Brasilia: 1988.

DUARTE, Newton. *Vigotski e o aprender a aprender – crítica às apropriações neoliberais e pós-modernas da teoria vigotskiana*, 2ª edição, Campinas, SP, Autores Associados, 2001.

DURKHEIM, E., *As Regras do Método Sociológico.* Os Pensadores. S. Paulo: Abril Cultural, 1978, p. 71-161.

FERREIRA, Naura S.C. e col., *A gestão da educação na sociedade mundializada: por uma nova cidadania.* Rio de Janeiro, DP&A, 2003, p. 155-176

FEUERBACH, Ludwig. A essência do cristianismo. Tradução e notas de Jose da Silva Brando. Campinas, SP: Editora Papirus. 1988, p. 44.

FRIGOTTO, G. *Educação, crise do trabalho assalariado e do desenvolvimento: teorias em conflitos*. In: FRIGOTTO, G. (Org.). Educação e crise do trabalho: perspectivas de final de século. Petrópolis: Vozes, 1998. p. 25-54.

FOUCAULT, Michael. *História da Loucura.* Trad. José Teixeira Coelho Neto, 6ª edição, São Paulo, Editora Perspectiva S.A., 2002.

OLIVEIRA, J. F., MORAES, K.N., DOURADO, L.F. *A função social da educação e da escola* in Ensaios Pedagógicos – construindo escolas inclusivas: 1ª edição, Brasília, MEC, SEESP, 2005.

PARSONS, Talcott. *O Conceito de Sistemas Sociais* - Os componentes de Sistemas Sociais. In: CARDOSO, F. H. e IANNI, O. (Orgs.) *Homem e Sociedade. Leituras Básicas de Sociologia Geral.* S. Paulo: Companhia Editora Nacional, 1975.

OSÓRIO, A. C. N. e Osório, A. M. N. *O Direito a educação: os desafios da diversidade social* in Revista do Centro de Educação, edição 2004, nº 24.

RODRIGUES, David e col. *Inclusão e educação – Doze olhares sobre a educação inclusiva*. São Paulo, Summus, 2006.

Sites

http://escoladegestores.mec.gov.br/site/4-s sala_politica_gestao_ escolar/pdf/ saibamais_8. pdf ala_politica_gestao_escolar/pdf/saibamais_8.pdf.Acesso em 08/03/2018.

Conhecer o terceiro setor como perspectiva à atuação do Coordenador Pedagógico: possibilidades de ampliação do campo de trabalho. O coordenador e o docente na área social: terceiro setor

Catia Cilene Gasparini Costa de Oliveira

Sábio é aquele que conhece os limites da própria ignorância.
Sócrates

Com este trabalho pretende-se motivar os profissionais, Coordenadores Pedagógicos e Docentes para possibilidades de trabalhar na área sócial "terceiro setor", e que tem se apresentado e desenvolvido no Brasil. A vida em sociedade tem sido a preocupação de muitos estudiosos que entendem as grandes transformações que o mundo vem sofrendo, e que se ampliam com fenômenos sociais que restem a humanidade com sentimentos de incertezas, temores e impotência frente aos novos paradigmas que ora se apresenta no contexto social.

O século XX foi marcado por várias invenções, como a informática e as telecomunicações, aumentando a preocupação com a ecologia e o bem estar da humanidade, mudando a forma de pensar e as próprias relações entre os seres humanos, tanto na sua vida familiar quanto nas relações de trabalho. Bernardo Toro, entretanto, diz que "a maior invenção do século XX são os Direitos Humanos". (Apud Costa, 1995, p. 7).

Essa percepção vem de encontro aos anseios de todos os profissionais que, convivendo no dia a dia com pessoas que dependem da sua forma de conduzir as relações, podem estar determinado o quanto serão ou não bem sucedidas na vida escolar e consequentemente na vida como um todo.

Se o mundo quase se tornou mecanizado, se os seres humanos quase se tornaram insensíveis, o homem está despertando a tempo de perceber que consistência humana é imbuída de sentimentos, e que precisamos estar atentos a eles, uma vez que todo o progresso tecnológico e científico do século não garantiu ao homem alcançar a felicidade.

Surgem assim estudos que buscam resgatar nos seres humanos sentimentos antes ignorados para o seu bem-estar, uma vez que se almeja alcançar a qualidade de vida, entendendo que está só se alcança quando o indivíduo é capaz de vencer os obstáculos sem traumas. Em uma sociedade caracterizada pela injustiça social e pelas desigualdades existentes, é necessário o preparo de profissionais para atuar na área social, assim que sejam comprometidos com a causa dos menos favorecidos, que busquem estratégias que permitam resgatar a autoestima e valorizar as capacidades individuais em prol de toda a coletividade. Assim implica partilhar com os poderes públicos diferentes grupos sociais, organizados ou não, a responsabilidade pelos destinos de vida coletiva. É, nesse sentido, responsabilidade de todos a construção e ampliação da democracia, no Brasil, (PCN, p. 23, 2000).

Surgimento do Terceiro Setor

Para a existência da ideia de um terceiro setor supõe-se que haja um primeiro e o segundo. O primeiro Setor é constituído de órgãos da administração direta governamental, ou seja, da esfera federal, estadual e municipal; e de órgãos indiretos que são constituídas por empresas públicas, sociedades de economia mista (autarquias; fundações estatais; etc.) que usam de dinheiro público para fins públicos.

O Segundo Setor corresponde à livre iniciativa, que opera o mercado, define a agenda econômica usando o lucro como instrumento, com dinheiro privado para fins privados. De acordo com Tachizawa (2002) o Segundo Setor se constitui de empresas ou organizações privadas, que cresceram para atender as expectativas de clientes, fornecedores de pessoal interno e do gestores, a empresa do futuro tem de agir de forma responsável em seus relacionamentos internos e externos. Essa preocupação veio para modificar a postura dos empresários e a forma de interagir com as organizações, ou seja, atitudes mais éticas para manter sua imagem de uma forma ecologicamente correta.

Surge um novo setor "nem governamental, e nem lucrativo" o Terceiro Setor que nos anos 70 e 80 apareceram as primeiras interações entre movimentos sociais, associações civis e ONG's que ficam associados uns aos outros, reforçando-se mutuamente, que não comunicam com as instâncias de formas tradicionais de ajuda mútua e filantrópica empresarial. As ONG's tornam-se centros de recursos humanos (assessoriais, fornecimento de materiais pedagógicos, formação, elaboração de projetos entre outros), postos a serviço das associações comunitárias e dos movimentos sociais. Nos anos 90 houve uma abertura para novas interações, os movimentos sociais e as ONG's em sua maioria desprovidas de recursos, sofriam com o descaso do governo e das empresas privadas, o que as afastava da elite, no entanto, após esta crise se iniciaram as interações entre o terceiro setor e os demais surgindo apoio com a implementação de projetos e leis. Nesse sentido, a Assistência Social no Brasil foi se consolidando, com a previsão na Constituição Federal de 1988, que nos Artigos 203 e seguintes dispõe sobre seus objetivos, financiamento e diretrizes; a Lei nº 8.742, de 07/12/1993 sobre sua organização e a Lei nº 8.909, de 06/07/1994 que dispõe sobre a prestação de serviço por entidades de fins filantrópicos estabelece prazos de procedimentos para recadastramento de entidades junto ao conselho nacional de assistência social.

O que é o Terceiro Setor

Em primeiro lugar é necessário definir o que é o Terceiro Setor, o campo no qual ocorre a ação deste trabalho. Como afirma Coelho (2000), Terceiro Setor é toda atividade não-governamental e sem fins lucrativos, desenvolvidos fora do setor "Estado", chamado primeiro setor, e fora do âmbito empresarial, chamado segundo setor. São também chamados de Organizações não-governamentais – ONG, e seu maior desafio é estabelecer um diálogo com os outros dois setores, criando parcerias, mas de forma independente (Tenório, 2002).

A verba usada nessas instituições é privada para fins públicos (nada impede, todavia, que o poder público destine verbas para o

Terceiro Setor, pois é seu dever promover a solidariedade social). Este setor movimenta mais de um trilhão de dólares por ano, o que o coloca na posição de oitava economia mundial, se comparado ao PIB das nações mais ricas segundo publicação da Rede Brasileira de Entidades Assistenciais Filantrópicas – REBRAF (2007). Segundo Tachizawa (2004, p. 303), "a captação de recursos pode ser conceituada como: Busca de recursos (não exclusivos, mas predominantemente financeiros) como forma de atingir a missão de uma entidade, implementando programas e projetos de organizações do Terceiro Setor. Conjunto de técnicas destinadas a organizar e a potencializar a busca de recursos".

Uma instituição nascida no Terceiro Setor, ou melhor, denominada organização não-governamental, para existir passa por um processo de criação implantação e manutenção que exige uma atenção toda especial a cada etapa. Na fase de criação é necessário pensar em um "esboço" a ser formatado e colocado em prática; nesse momento o importante pode se pensar na função e na qual estará vinculada, ou seja, qual sua missão. Também nessa fase cabe a busca do valor de atuação, que será definido como a abrangência a um grupo específico, a uma localidade ou a determinada situação problema (Ladim, 1998).

A escolha do objetivo de atuação indicará o rumo da organização, podendo acontecer em áreas do conhecimento distintas, mas que, em geral, esbarram em questões relacionadas à educação, seja como fim – interferir em processos educacionais – seja como meio – educar para transformar. Esse momento inicial podemos chamar de "fase das ideias", um levantamento preciso da realidade, de suas necessidades e uma busca de formas de produzir resultados.

A fase seguinte, a da implantação, de modo geral, trata de dar forma à ideia colocada no papel, de pôr em prática o que se pensou. É a etapa de aprofundar os objetivos, conhecer melhor a realidade em que se fará a interferência, escolher as metodologias a serem utilizadas, criar ferramentas, construir a equipe de ação, elaborar parcerias, enfim, arquitetar um o plano de realização prática.

Após essas duas fases precedentes de preparação, temos a etapa de agir, avaliando e reorganizando cada passo, num movimento espiral de desenvolvimento, com ação e avaliação continua. É a fase do fazer, momento em que tudo na arquitetura inicial vai tomando forma e em que se exige um olhar contínuo para a missão e sua viabilidade prática.

Segundo Paschoal (2004), para falar do Terceiro Setor como gerador de emprego, é preciso entender que é a oitava economia do mundo, movimentando mais de US$ 1 trilhão por ano, cerca de 8% do PIB do Planeta. No Brasil apresenta R$ 10,9 bilhões anuais (cerca de 1% do PIB), sendo R$ 1 bilhão em doações reúne mais de 300 mil ONG's, além de fundações, instituições etc.; emprega cerca de 1,2 milhão de pessoas e tem 20 milhões de voluntários sendo Brasil o quinto pais do mundo em voluntários sociais.

E dessa forma se faz indispensável o papel de profissionais especializados em educação nesta área, com isso cresce a oportunidade de trabalho para o docente e Coordenador Pedagógico nas esferas da chamada área social.

Para isso o profissional deve:

- Valorizar e promover experiências entre participantes;
- Ter visão multidisciplinar;
- Respeitar as diferenças;
- Compreender as origens dos problemas sociais brasileiros;
- Considerar a relação entre gestão social e políticas públicas;
- Ter compromisso e difundir valores, como cidadania e humanismo;
- Adotar a postura de facilitador na construção conjunta do conhecimento e incentivando o resgate da cidadania e a reinserção social.

Pode-se dizer que há a necessidade de Docentes e Coordenador Pedagógico com o devido preparo para atuação na área social, após a leitura da citação acima, vemos que com um trabalho sério e sistematizado tanto no processo de sua formação como em sua qualificação é preciso oferecer ao profissional da área pedagógica cursos para o seu aprimoramento, sendo, portanto necessária a criação de especializações para atuação neste setor.

Conceito de cidadania para sociedade atual

A origem da palavra cidadania vem do latim *"civitas"*, que quer dizer cidade. A palavra *cidadania* foi usada na *Roma* antiga para indicar a situação política de uma pessoa e os direitos que essa pessoa tinha ou podia exercer. Segundo Dallari (1998. p14).

> A cidadania expressa um conjunto de direitos que dá à pessoa a possibilidade de participar ativamente da vida e do governo de seu povo. Quem não tem cidadania está marginalizado ou excluído da vida social e da tomada de decisões, ficando numa posição de inferioridade dentro do grupo social. (Dallari 1998. p. 14).

Para sermos cidadãos completos, temos que observar com clareza tudo o que acontece em torno de nós, saber separar ideologias da verdade que há por traz, desmascarado ideologias impostas pelos meios de comunicação e por políticos a procura de mais poder, um dos fatores relevantes que faz com que sejamos participativos é a democracia. A democracia enquanto valor universal e prática de colaboração recíproca entre cidadãos deve envolver cada indivíduo na plenitude de sua personalidade e não pode haver democracia plena sem pessoas democráticas para exercê-las. (Paro, 2003 p. 25)

> Quando falamos de cidadania estamos nos referendo a uma qualificação da condição de existência dos homens. Trata-se de uma qualidade de nosso modo de existir histórico. O homem só é plenamente cidadão se compartilhar efetivamente dos bens que constituem os resultados de sua tríplice prática histórica, isto é, das efetivas mediações de sua existência. Ele é cidadão se pode efetivamente usufruir os bens materiais necessários para sua sustentação de sua existência subjetiva e dos bens políticos necessários para sustentação de sua existência social. (Severino, 1998).

A cidadania é algo com que tem de ser praticado e conquistado, para os docentes sociais deve-se ter como uma das metas a alcançar em busca da cidadania. Atualmente temos como dever preparar o cidadão para tornar-se completo, participativo em todas as atividades social, e para isso se concretizar vale ao docente ensinar tornando um mestre em busca de um aprendiz.

O aprendiz e condição de cidadão

O aprendiz segundo o Dicionário Etimológico Cunha: (2003) que vem do latim *"apprehendere"*, significa pegar com a mão. Entretanto, apropria-se do pensamento teórico de Dimenstein (2000) dando a ideia de que para compreender algo, é necessário tê-lo nas mãos. Historicamente, a palavra designa o jovem que passava pelo acompanhamento de um mestre para ensinar um oficio, que ele seguiria por toda vida. Hoje, com os avanços tecnológicos e com a velocidade das informações, o mundo se transforma muito rapidamente e o profissional precisa estar sempre reaprendendo e ressinificando os seus conhecimentos e os seus métodos de trabalho. Ser curioso é qualidade imprescindível ao cidadão do futuro comportamento direcionado a uma meta, com aprendizagem consistente de valores que os guiem.

Vale ressaltar que, todas relações iniciam a partir do momento que as limitações de um são respeitadas, o que favorece o reconhecimento das limitações do outro. O respeito nas relações deve ser recíproco e permeado em valores verdadeiramente humanos.

Ensinar e aprender são o estabelecimento de uma relação de causa e efeito, é produto da troca das informações e das experiências pessoais entre aprendiz e mestre. Nessa troca ninguém sai ileso e os resultados serão marcantes e especiais, na medida em que marcantes e especiais forem o empenho, a responsabilidade e as influências mútuas de quem ensina aprendendo e de quem aprende educando.

O aprendiz interage livremente com aquilo que descobre à sua volta, sem a influência de ideias preconcebidas. Manipula, experimenta e explora. O aprendiz, cuja curiosidade é aceita como válida, recebe a luz verde para aprender. Infelizmente, alguns aprendizes aprendem muito cedo a não aprender. Como isto acontece? É comum o aprendiz utilizar determinado objeto desejo de outra forma, pois a curiosidade faz com que esta manipulação seja guiada pela imaginação; porém, por uma questão de segurança, as investigações devem ser, em certos casos, limitadas, mas as frequências excessivas destas limitações são desnecessárias. Suas necessidades de descobrir não encontram apoio e a curiosidade é eliminada para evitar a desaprovação.

Logo, a indagação e a experimentação do desconhecido foram a base do progresso em todos os campos. Se essas qualidades, que existem em todos aprendizes foram eliminadas, elas sentir-se-ão diminuídas por desejarem saber e serem tolhidos.

Os aprendizes não só precisam de uma atmosfera que estimule a curiosidade e a exploração, como também precisam de amplos contatos com uma grande variedade de experiências. Para BRIGSS (2000), "Toda criança precisa do máximo de experiência direta possível. Só dessa maneira ela pode chegar a conhecer seu ambiente pessoal".

O Educador em espaços não escolares

O novo cenários da educação se abre no século XXI com novas perspectivas para o profissional que se insere no mercado de trabalho, sob diversas abrangências, como nos mostra a própria sociedade, que vive um momento particular discussões sobre globalização, neoliberalismo, terceiro setor, educação on-line, enfim, uma nova estrutura se firma na sociedade, a qual exige profissionais cada vez mais qualificados e preparados para atuarem neste cenário competitivo.

Segundo Oliveira (2004) a educação em espaços não escolares vem confirmar esta discussão que vivenciamos, o docente sai então do espaço escolar, que até pouco tempo, era seu espaço (restrito) de trabalho, para se inserir neste novo espaço de atuação com uma visão redefinida da atuação deste profissional.

Empresas, hospitais, ONGs, associações, igrejas, eventos, emissoras de transmissão (rádio e TV), e outros formam hoje o novo cenário de atuação deste profissional, que transpõe os muros da escola, para prestar seu serviço nestes locais que são espaços até então restritos a outros profissionais. E esta atual realidade vem com certeza, quebrando preconceitos e ideias de que o docente está apto para exercer suas funções na sala de aula. Onde houver uma prática educativa, existe aí uma ação pedagógica.

Convivemos até pouco tempo com a visão de uma docência inserida no ambiente escolar, na sala de aula, do profissional da educação envolvido com os problemas da educação formal. Acredita-se que o docente é o profissional capacitado e devidamente treinado para atuar somente em espaços escolares, é o responsável pela formação intelectual das crianças, sempre se envolvendo no cotidiano escolar, com os problemas relacionados à educação formal, propriamente dita. A vida escolar, a educação formal, não deixa de ser um foco importante para o Docente e Coordenador Pedagógico, mas deixa de ser o único.

Diante da atual realidade em que se encontra a sociedade, a educação tem se transformado na mola mestra, para enfrentar os desafios que se articulam dentro dela e em todos os seus segmentos, desafios gerados pela globalização e pelo avanço tecnológico na atual era, a tão inovadora e desafiadora era da informação.

A educação é também a mola mestra para transformar a situação de miséria, tanto intelectual quanto econômica, política e social do povo, promovendo acesso à sociedade daqueles que são vistos como os excluídos. Possibilitando assim a transformação da sociedade numa sociedade mais justa e igualitária.

Os efeitos da crise econômica globalizada e a rapidez das mudanças na era da informação levaram a questão social para o primeiro plano, e com ela o processo da exclusão social, que já não se limita à categoria das camadas populares. (GOHN, 2003, p. 9). Dessa forma a educação sofre mudança em seu conceito, pois deixa de ser restrita ao processo ensino-aprendizagem em espaços escolares formais, se transpondo aos muros da escola, para diferentes e diversos segmentos como: ONGs, família, trabalho, lazer, igreja, sindicatos, clubes etc. Abre-se aqui um novo espaço para a educação, dando uma estrutura interessante à educação não formal.

Com toda esta nova proposta e possibilidade de atuação, o profissional também se transforma se adequando a esta nova realidade, se posicionando como profissional capacitado para caminhar junto a esta transformação da sociedade. O Docente deixa de ser, neste novo contexto, o mesmo Docente do século XVIII, XIX e até mesmo XX. Apresentando-se agora como agente de transformação para atuar nesta nova realidade. Hoje, o profissional docente está sendo inserido em um mercado de trabalho mais amplo e diversificado possível, porque a sociedade atual exige cada vez mais profissionais capacitados e treinados para atuarem nas diversas áreas. Não sendo comum um profissional ser qualificado apenas para exercer uma determinada função, e sim para atuar nas diferentes áreas existentes no mercado de trabalho, seja ele qual for.

As linhas de pensamento relacionadas ao profissional possibilitam uma reflexão mais aprofundada sobre a sua atuação pois hoje, se pensa muito mais detalhadamente a dinâmica do conhecimento e as novas funções do educador como mediador deste processo. Dessa forma, não podemos mais nos deter somente no universo da educação formal, mas buscar novas fontes de formação para adequar este profissional no mundo globalizado e competitivo.

Toda transformação relacionada à atuação do Coordenador e Docente se dá ao fato de que, hoje vivemos o processo que reflete a transformação de valores e pensamentos de uma sociedade voltada para valores mais específicos, como a cultura do seu povo, valor diferente daquele que até pouco tempo se primava pelo valor econômico. Ou seja, a cultura hoje tem seu papel melhor definido e mais importante para a sociedade do que a situação econômica, propriamente dita.

Nesta perspectiva de mudança e viabilização uma atuação deste profissional é que abrimos espaço para esta discussão, pautando nosso estudo na atuação do docente em espaços não escolares, suas habilidades e competências para atuação nestes espaços, o leque de possibilidades que hoje se abre deixando para trás a ideia primária de que este profissional está preparado somente para atuar em espaços escolares, e que pouco ou quase nada podendo aproveitar de suas habilidades para atuar em outros espaços.

Assim, este profissional que atravessa séculos, executando o seu papel de preceptor, de transformador do conhecimento e do comportamento humano, chegando ao século XXI, com uma nova proposta, sua efetiva atuação em espaços também não escolares, e que, no entanto, visam a aprendizagem e a transformação do comportamento humano, tanto quanto dentro da educação formal.

Conforme Ribeiro (2003), este assunto tornou-se desafiador a partir do momento em que verificamos através de leituras compartilhadas, visualizamos um horizonte se abrindo para esta área do conhecimento, discussões que estão fundamentadas em teóricos conceituados e pela própria sociedade que chega ao século XXI com novas perspectivas para a educação formal e também para a educação não formal, discussão que até bem pouco tempo era desconhecida para a maioria de nossas escolas de formação, e também dos profissionais.

Em seu trabalho, Oliveira (2004), diz ainda que como hoje o docente está sendo inserido num mercado cada vez mais diversificado e amplo, o nosso estudo se justifica pela necessidade de compreender a dinâmica, que levou a sociedade a chegar onde estamos hoje, com um discurso voltado para a inclusão social, para o voluntariado, para projetos de pesquisa, para educação formal, não formal e informal, observando o processo de ensino-aprendizagem não somente como processo para dentro da escola, da sala de aula ou do cotidiano, seja ele qual for. E também como o docente se insere neste novo contexto social, percebendo a sua relação em diferentes espaços.

Verifica-se hoje, uma ação pedagógica multimídia na sociedade. O pedagógico perpassa toda a sociedade, extrapolando o âmbito escolar formal, abrangendo esferas mais amplas da educação informal e não-formal. (LIBÂNEO, 2002, p. 28)

É importante ressaltar aqui como a educação formal e a não formal que caminham paralelamente e, portanto, a necessidade de agregar ao ensino formal, ministrado nas escolas, conteúdos da educação não-formal, como os conhecimentos relativos às motivações, à situação social, à origem cultural, etc. Por isso, esta nova perspectiva de atuação do docente, sua qualificação vem filtrando cada vez mais, buscando uma relação estreita entre as diferentes propostas de educação existentes na sociedade.

Este assunto tornou-se relevante para este projeto, à medida que se foi descortinando as grandes possibilidades de pesquisas durante as discussões realizadas e também por apresentar um assunto que vem transformando a ideia de uma educação restrita em uma educação ampla e sem fronteiras. Este tem se tornado um assunto desafiador para tantos quanto se iteram do mesmo.

Trabalhar de forma interdisciplinar, em que se trocam saberes, crenças e experiências diferentes, não significa perder a própria identidade, mas sim enriquece seus saberes ampliando seu entendimento de mundo.

Referências

BOCK, Ana M. Bahia. *Atuação Profissional e formação do Psicólogo: Os desafios da Modernidade. Psicologia em estudo,* vol. 4, nº 1 Maringa: Universidade estadual de Maringá, Jan/Jun, 1999.

BRANDÂO, Carlos Fonseca. LDB/96 *Passo a Passo: Lei de Diretrizes e Bases da Educação Nacional. Lei nº 9394/96, Comentada e Interpretada, artigo por artigo.* 3ª edição. São Paulo: Editora Avercamp, 2003.

_______ -______ - *Parâmetros Curriculares Nacionais – Ética*. MEC/SEF, 2000.

______ - ______ - *Secretaria Especial dos Direitos humanos, Assessoria de Comunicação Social, estatuto da Criança e do Adolescente Brasília*: MEC ACS, 2005.

_______ - _______ - *Constituição da Republica Federativa do Brasil/ Anne Joyce*. 10 ed. São Paulo, Rideel, 2004.

BRASIL, Ministério da Educação, (1997). Parâmetros Curriculares Nacionais para o Ensino Fundamental. Brasília, MEC/SEF. 2000.

BRIGGS, Dorothy C. A auto-estima do seu filho. São Paulo: Martins Fontes, 2000.

CANÁRIO, R. *O Educador no olho do Furação:* Coleção Grandes temas, DVD Ciranda Cultural, 2000.

COELHO, Simone. Terceiro Setor: um estudo comparado entre Brasil e Estados Unidos. São Paulo: SENAC. 2000.

COSTA, Adalvo da Paixão Antonio. *O conteúdo afetivo no currículo escolar. Revista de Educação da FAESA.* Vol. 1, nº 1. Ago. 2000/ fev. 2001, p. 81-93.

CUNHA, António Geraldo da (1989), *Dicionário Etimológico Nova Fronteira da Língua Portuguesa*, Rio de Janeiro, Editora Nova Fronteira, 2003.

DALLARI. *Direitos Humanos e Cidadania*, São Paulo: Moderna, 1998.

DIMENSTEIN, M. (2000). A cultura profissional do psicólogo e o ideário individualista: implicações para a prática no campo da assistência pública à saúde. Estudos de Psicologia, 2000.

FREIRE, Paulo. *Política e Educação, Coleção Questões de Nossa Época*, São Paulo: Editora Cortez. 1999.

FERNANDES, Rubens Cesar. *Privado porém público: o terceiro setor na Ámerica Latina*. Rio de Janeiro: Relume Dumara, 1994.

GENTINI, Pablo; FRIGOTTO, Gaudêncio. *A cidadania negada*. 2ª edição. São Paulo: Editora Cortez, 2001.

GOHN, Maria da Gloria Marcondes. *Movimento Sociais e educação*. 3ª edição. São Paulo: Editora Cortez, 2003.

HADDAD, Sergio. *ONG's e Universidades: Desafios para cooperação na América Latina*. São Paulo: Abong, 2002.

LANDIM, Leilah (org.). Ações em sociedade. Militância, caridade, assistência, etc. Rio de Janeiro, Iser, NAU, 1998.

LA TAILLE Yves, Marta Kehi de Oliveira, Heloysa Dantas. *Piaget Vigotsky e Wallon*. São Paulo: Summus, 1992.

LIBÂNEO, José C. Pedagogia e pedagogos para quê? 6ª ed. São Paulo: Cortez, 2002.

OLIVEIRA, Marta Kohi. Vygotsky. *Aprendizado e desenvolvimento: Um processo sócio-histórico*. São Paulo: Scipione. 1998.

OLIVEIRA, Maria Edna Sabina de. O pedagogo em espaços não escolares. Revista acadêmica Alfa. v 1 n 1. Maio/outubro 2004. Disponível em: http://www.alfa.be/revista/artigo>. Acesso em: 25 março 2014

ROSA, Manuel Camilo. *Direitos e Responsabilidade na Sociedade Educatica, Comunicação Social*. Gulbenhim Lisboa: Serviços de Educação e bolsas da Fundação Calouste, 2004.

RIBEIRO, R. J. A Universidade e a vida atual: Fellini não via filmes. Rio de Janeiro: Campus, 2003.

PARO, Victor Henrique. *Gestão democrática da escola pública*, 3ª edição São Paulo: Ática, 2003.

PASCHOAL, E. Emprego no terceiro setor: uma visão do Brasil e do mundo. Disponível em: http://www.oibescoop.org/estudios_e_investig/emprego-no-terceiro-setor-uma-visao-do-brasil-e-do-mundo/ Acesso em: jul. 2018.

SEVERINO, Antônio Joaquim. *Filosofia da Educação: Construindo a cidadania*, São Paulo, FTD, 1998.

SANTOS, Clovis Roberto dos. *Ética, moral e competências dos profissionais da educação*. São Paulo: Aver TACHIZAWA, Takeshy. Organizações não governamentais e terceiro setor: criação de ONGs e estratégias de atuação. São Paulo: Atlas, 2002.

TACHIZAWA, Takeshy. Gestão ambiental e responsabilidade social corporativa: estratégias de negócios focadas na realidade brasileira. 2. ed. São Paulo: Atlas, 2004.

TENÓRIO, Fernando G. Flexibilização organizacional, mito ou realidade? 2. ed. Rio de Janeiro: FGV, 2002.

Educação a distância: novos rumos e possibilidades na atuação e na formação dos profissionais da educação

Silvia Regina da Silva Bordin

A Educação a Distância, conhecida pela sigla "EAD" é o processo de ensino aprendizagem mediado por tecnologias onde professores e alunos estão separados espacialmente e/ou temporalmente, ou seja, estão em espaços diferentes e podem se comunicar em diferentes intervalos de tempo, de forma direta ou indireta.

O termo "tecnologia", conforme definido no Minidicionário Aurélio (2001): "é o conjunto de conhecimentos, especialmente princípios científicos, que se aplicam a um determinado ramo de atividade"; desta forma entendemos que na educação, o termo tecnologia se aplica aos meios que o homem cria e produz em escala para expandir a capacidade humana de se comunicar e interagir para aprender ou propagar conhecimento. A tecnologia aliada à formação à distância, precisa oferecer o mínimo de condições para garantir a comunicação à longa distância, vem sendo pensada ao longo do século XX.

Por muito tempo o avanço das Tecnologias de Informação e Comunicação, as conhecidas TICs contribuíram significativamente no ensino aprendizagem, como ferramentas poderosíssimas dando um novo sentido à Educação.

"Tecnologias da Informação e Comunicação" é uma expressão que se refere ao papel da comunicação (seja por fios, cabos, ou sem fio) na moderna tecnologia da informação. Entende-se que TIC consistem de todos os meios técnicos usados para tratar a informação e auxiliar na comunicação.

Aqui nesse trabalho queremos apenas citar a importância das TICs na área da Educação, diante de uma sociedade tecnológica. O professor e a aprendizagem assumem novas demandas e é preciso rever papéis, metodologias, estratégias, enfim tudo que envolve o ato da aprendizagem formal. Destacamos a importância do olhar do Coordenador Pedagógico para as novas tecnologias, bem como, do professor que passa a ser um mediador das aprendizagens utilizando-se das TICs para atingir resultados junto aos educandos que irão adquirir novos comportamentos e atitudes.

A utilização das TIC's no Brasil promoveu um avanço na inclusão digital. São muitas crianças, adolescentes e outros alunos de todos os níveis escolares com acesso as novas ferramentas ampliando as possibilidades de melhora do processo de ensino e aprendizagem, porém muito dependerá também da forma como essas ferramentas são utilizadas. Algumas questões interferem no uso das TICs no ambiente educacional como: tratamento da informação e do conhecimento ligadas à ética, questões legais, teóricas, enfim da procedência do que se oferece e da propriedade. É necessário o uso de estratégias adequadas e um olhar sensível do educador para aproveitar todo o potencial das novas tecnologias colocadas à disposição na atualidade.

O Ministério da Educação vem atuando com uma proposta de universalização do uso das TICs, inclusive deveria, segundo a legislação, ter sido incorporado na educação pública até 2010. A UNESCO também atua com a disseminação das mídias digitais e ampliação da interatividade dos programas televisivos utilizados no ensino presencial e a distância. A UNESCO atua inclusive na Educação a Distância em várias universidades brasileiras que utilizam as TICs para promover a democratização do acesso ao conhecimento no país.

Com o surgimento da internet e dos cursos a distancia, a modalidade EAD, precisou-se pensar na figura do professor e no papel que este profissional desempenha mediante a ampliação de cursos de diferentes modalidades disponíveis, principalmente no que tange ao aperfeiçoamento profissional para atuação neste segmento da educação.

Outro elemento que precisamos destacar é o Ambiente Virtual de Aprendizagem ou sala de aula virtual, é um ambiente de estudo interativo, refere-se ao site em que o aluno poderá ter acesso a diferentes recursos, como: conteúdos, vídeos, textos, exercícios de fixação, jogos interativos, videoaulas, videoconferências, provas online, biblioteca online, etc.. Este local também mostra o progresso ou andamento do curso de modo que o aluno possa acompanhar o seu desenvolvimento.

Dependendo da carga horária do curso EAD, haverá uma metodologia planejada, configurando assim, mais um campo de ação para o profissional de educação. Além disso, o ambiente virtual de aprendizagem possibilita o acompanhamento e orientação dos estudantes através da figura do tutor que pode comunicar-se virtualmente com os estudantes ou mediar a comunicação entre os estudantes através de chats, fóruns ou murais.

O pólo de apoio presencial pode contar com tutores e deve ter uma infraestrutura física que possibilite o atendimento ao estudante; consiste de um item importante ao se definir a instituição que promoverá o curso EAD, pois será o vinculo entre a instituição e o estudante.

Um dos mais novos recursos tecnológicos utilizados atualmente é o de armazenamento em "nuvens", e refere-se à utilização da capacidade de armazenamento de dados compartilhados e interligados. O armazenamento de dados é feito em servidores que poderão ser acessados em qualquer lugar do mundo, a qualquer hora. O acesso a programas serviços e arquivos é remoto, através da internet, daí a alusão à nuvem. O uso desse ambiente virtual é mais viável do que o uso de unidades físicas e tornou-se uma ferramenta valiosa para os profissionais de educação e estudantes.

Os serviços mais conhecidos de armazenamento virtual são o Dropbox e o Google Drive, como podemos conferir no Guia do Estudante de Educação à Distância: "São serviços em que é possível guardar arquivos em nuvens online. Esses programas funcionam como um HD virtual, acessado online. O aluno pode criar pastas para guardar textos, áudios e vídeos, que podem ser acessados pela internet, de qualquer computador ou smartphone". (G.E. EAD, 2016, p. 33)

Um olhar para a educação no ambiente virtual

A LDB (1996) traz o embasamento legal para a modalidade de Ensino a Distância, em seu Art. 80: "O Poder Público incentivará o desenvolvimento e a veiculação de programas de ensino a distância, em todos os níveis e modalidades de ensino, e de educação continuada".

A Universidade deve, ao mesmo tempo, adaptar-se às necessidades da sociedade contemporânea e realizar sua missão transecular de conservação, transmissão e enriquecimento de um patrimônio cultural, sem o que não passaríamos de máquinas de produção e consumo. (Morin, 2003, p. 82)

Conforme afirma Belloni (2001), é necessário estabelecer regras, ou regulamentar os programas de Ensino a Distância. Deve-se ter determinada prudência ao escolher por este ou aquele curso procurando ter determinadas garantias, como por exemplo, saber com determinada antecedência antes de optar por este ou aquele, deveria ser disponibilizados a todos quais conteúdos/referências bibliográficas e a pertinência do curso em questão.

Face à novidade que representa, é prudente legislar sobre a matéria considerando dois aspectos fundamentais: A qualidade e a pertinência de conteúdos e veículos face os diferentes públicos estudantis, como forma de estimular, desde o nascedouro, a integração e complementaridade com a educação escolar, bem como evitar abusos e desvirtuamento do meio; Flexibilidade para experimentação e inovação. (Belloni, 2001, p. 144)

Oferta de cursos

Observamos uma expansão acelerada na oferta e procura por cursos EAD, conforme o Guia do Estudante (2016). Segundo o último Censo da Educação Superior, do Ministério da Educação (MEC), entre 2004 e 2014, o número de matrículas em graduações a distância multiplicou por vinte, chegando a mais de 1,34 milhão. Do total de 7,82 milhões de graduandos brasileiros em 2014, 17% cursavam EAD. E dos 3,1 milhões de novos alunos que chegaram ao Ensino Superior, quase 25%

ingressaram em um curso a distância. (GE EAD, 2016, p. 12). Em âmbito federal, a Universidade Aberta do Brasil (UAB), tem trazido uma grande oferta de cursos na modalidade EAD, principalmente na formação de professores. O programa busca ampliar e interiorizar a oferta de cursos e programas de educação superior, por meio da educação a distância. A prioridade é oferecer formação inicial a professores em efetivo exercício na educação básica pública, porém ainda sem graduação, além de formação continuada àqueles já graduados. Também pretende ofertar cursos a dirigentes, gestores e outros profissionais da educação básica da rede pública. (BRASIL: MEC, 2017)

No âmbito estadual, as escolas técnicas conhecidas como ETECs, vinculadas ao Centro Paula Souza, estão oferecendo o Ensino Médio EJA na Modalidade a Distância:

> O Ensino Médio a distância na modalidade de Educação de Jovens e Adultos (EJA) é voltado a pessoas que não concluíram seus estudos na idade adequada e desejam uma alternativa prática para obter certificação de nível médio e poder ingressar em um curso técnico ou no Ensino Superior. O curso é on-line e tem duração de três semestres. (CPS, 2017).

Atualmente a oferta de cursos na modalidade EAD, para os profissionais de Educação está crescendo, principalmente pelas parcerias que entidades sindicais estão realizando com as instituições de ensino e oferecendo aos seus filiados, para que realizem a sua atualização e formação profissional, assim, ampliando as possibilidades de campo de trabalho para os profissionais formados em pedagogia, bem como, possibilidades de estudos para os diversos profissionais da educação.

Referências

BELLONI, Isaura. *LDB Interpretada – Diversos Olhares Se Entrecruzam*. Iria Brzezinski (org.). 6ª edição. São Paulo. Editora Cortez, 2001.

BRASIL. Decreto Nº 9.057, de 25 de maio de 2017.

BRASIL. Lei nº 9.394/1996, de 20 de dezembro de 1996.

GUIA DO ESTUDANTE – Educação a distância. 6ª edição. São Paulo. Editora Abril, 2016.

MORAN, José Manuel. *O Uso das Novas Tecnologias da Informação na EAD – uma leitura crítica dos meios*, 1999.

MORIN, Edgar. *A cabeça bem-feita: repensar a reforma, reformar o pensamento.* Tradução Eloá Jacobina. 8ª ed. Rio de Janeiro. Editora Bertrand Brasil, 2003.

SÃO PAULO (SP). Estatuto dos Profissionais de Educação do Ensino Municipal de São Paulo. Lei Nº 14.660/2007.

Sites

CENTRO PAULA SOUZA. Disponível em:< http://www.cps.sp. gov.br/telecurso-tec/ensino-medio-eja.asp >. Acesso em 29/05/2017.

UNIVERSIDADE ABERTA DO BRASIL (UAB). Disponível em: <http://portal.mec.gov.br/politica-de-educacao-inclusiva?id=12265>. Acesso em 26/05/2017.

https://pt.wikipedia.org/wiki/Tecnologias_da_informa_e_comunicacao. Acesso em: 07 jun. 2017.

PROGRAMA_DE_COMPUTADOR: In WIKIPÉDIA, a enciclopédia livre, 2017. Disponível em: <http://pt.wikipedia.org>. Acesso em: 07 mai. 2017.

MENDES, A. TIC. Muita gente está comentando, mas você sabe o que?? Portal Master, mar.2008. Disponível em: http;//master.com.br/artigo/8278/gerencia-de-tic/tic-muita-gente-esta-comentando-mas-voce-sabe-o-que-e/. Acesso em 20 de mar. 2018.

A POSSIBILIDADE DAS INTERAÇÕES COM A COMUNIDADE ESCOLAR NOS AMBIENTES VIRTUAIS DA EDUCAÇÃO BÁSICA, EM FOCO, A EDUCAÇÃO INFANTIL

Silvia Regina da Silva Bordin

Para se pensar nas possibilidades de atuação da equipe gestora nas relações interpessoais com toda a comunidade escolar nas escolas que atendem o público da Educação Básica, seja em qualquer das modalidades: Educação Infantil, Ensino Fundamental ou Ensino Médio, o uso do ambiente virtual faz toda a diferença pela abrangência e praticidade pela economia financeira, de tempo e de velocidade da informação, pelas oportunidades de acesso e facilidade de comunicação, melhorando a qualidade do serviço prestado na unidade escolar, em foco nesse trabalho à Educação Infantil.

O atendimento educacional no Município de São Paulo teve início em 1935 com a criação dos Parques Infantis por Mario de Andrade, na época diretor do Departamento de Cultura da cidade. Em função da demanda por atendimento e da organização dos movimentos sociais, o atendimento das crianças de 0 a 6 anos foi realizado em Creches, as quais na sua grande maioria realizavam um trabalho voltado principalmente aos cuidados da criança, para atendimento da demanda de mães ou famílias trabalhadoras.

No entanto, os estudos sobre o desenvolvimento humano, em especial na primeira infância, trouxeram à tona os direitos das crianças e a responsabilidade da sociedade no investimento em uma educação de qualidade também para os pequenos.

Atualmente as questões que dizem respeito ao desenvolvimento integral dos educandos e de suas potencialidades ganharam força e foram determinantes para a mudança nas políticas de atendimento às crianças pequenas na cidade de São Paulo; advém desta fase a mudança no atendimento das Creches que se transformaram em CEI's (Centros de Educação Infantil) e também mudaram de secretaria, da Secretaria da Assistência Social para a Secretaria da Educação.

Muitas mudanças ocorreram no atendimento educacional oferecido às crianças em uma perspectiva histórica e social; hoje evidenciamos a era digital e os diversos mecanismos existentes no ambiente virtual que estão alterando a forma como a comunidade interage com a escola. Nesta perspectiva apontamos para os diferentes olhares que incidem sobre a educação infantil por parte dos pais e dos educadores, que muitas vezes se conflitam.

Esses são alguns dos desafios da gestão que incidem diretamente na qualidade do atendimento na Educação Infantil e que para enfrentá-los partimos do princípio que é necessário o estabelecimento de relações democráticas no estabelecimento das relações e interações com a comunidade escolar.

Democracia

Para desenvolver este tema buscamos conceituar o termo democracia, que segundo Maria Victoria Benevides (1996), está vinculado à valores como solidariedade e direitos humanos:

> Democracia é o regime político fundado na soberania popular e no respeito integral aos direitos humanos. Esta breve definição tem a vantagem de agregar democracia política e democracia social. Em outros termos, reúne os pilares da "democracia dos antigos" - tão bem explicitada por Benjamin Constant e Hannah Arendt, como a liberdade para a participação na vida pública - aos valores do liberalismo e da democracia moderna, quais sejam, as liberdades civis, a igualdade e a solidariedade, a alternância e a transparência nos poder ..., o respeito à diversidade e a tolerância. Educação é aqui entendida, basicamente, como a formação do ser humano para desen-

> volver suas potencialidades de conhecimento, julgamento e escolha para viver conscientemente em sociedade, o que inclui também a noção de que o processo educacional, em si, contribui tanto para conservar quanto para mudar valores, crenças, mentalidades, costumes e práticas. (BENEVIDES,1996)

Entendemos então a democracia como o regime político da soberania popular e do respeito integral (reconhecimento, proteção, promoção e garantia) dos Direitos Humanos; ou seja o regime democrático pressupõe a tomada de decisão coletiva baseada no princípio dos direitos e da dignidade humana.

Sobre o tema, salienta Peter Moss:

> Por que práticas democráticas são tão importantes, no geral e na educação infantil?
> A necessidade pode ser posta em poucas palavras. Participação democrática é um critério importante de cidadania: é um meio pelo qual crianças e adultos podem se envolver com outros na tomada de decisões que afetam eles mesmos, grupos dos quais eles são membros e a sociedade como um todo. ... a democracia permite que a diversidade prospere. Ao fazer isso, oferece o melhor ambiente para a produção de pensamentos e práticas novas. (MOSS, 2009)

Podemos inferir que a participação da comunidade escolar em uma unidade de Educação Infantil, traz consigo uma carga de valores e conceitos que se manifestam nesta modalidade de ensino. Entendemos que a escuta destas vozes são importantes para estabelecer a participação democrática.

Sabemos que a Educação Infantil, da forma como está organizada atualmente, é fruto de uma luta de diferentes setores da sociedade, desta forma, apresenta aspectos divergentes na forma como é vista pela sociedade, resquício de sua origem em instituições vinculadas a assistência social.

> Lutas pela democratização da escola pública, que desde a década de 70 envolveram um numero cada vez maior de educadores, junto com pressões feministas e de movimentos sociais de lutas por creches, possibilitaram a conquista do reconhecimento da educação

> em creches e pré-escolas como um direito da criança e um dever do estado na constituição de 1988... Esses pontos prepararam um ambiente para a aprovação da LDB, Lei nº9.394/96, que colocou a educação infantil como etapa inicial da educação básica. Essa foi uma conquista histórica, pois tirava as crianças pequenas, e pobres do seu confinamento em instituições vinculadas a órgãos de assistência social. (OLIVEIRA, 2011, p.79)

Entendemos que a escuta destas vozes são importantes para estabelecer a participação democrática dentro de uma instituição de Educação Infantil.

> É fundamental ressaltar que a construção da qualidade social da Educação Infantil na Cidade de São Paulo foi realizada seguindo um grande percurso por meio de processos distintos e complementares entre si. Ao completar os oitenta anos da Educação Infantil na Cidade, história que se iniciou com os parques infantis instituídos por Mário de Andrade, em 1935, quando à frente do Departamento de Cultura da Cidade de São Paulo, muitos avanços foram conquistados e práticas pedagógicas foram gradativamente construídas, especialmente em 2002, na efetivação da transição das creches da Secretaria Municipal da Assistência Social para a Secretaria Municipal de Educação, consolidando a identidade de um Sistema Educacional com números sem precedentes em todo território nacional. (SME/ Orientação Normativa 01/2015)

Acreditamos que o diálogo com a família deve ser fortalecido, conforme salienta a Orientação Normativa/ SME 01/2013, "Nesta perspectiva a ação educativa, entre família e escola, é reconhecida como um trabalho em complementaridade e partilha de responsabilidade".

A participação

Ao pensarmos em gestão democrática, especificamente em formas de administrar, a questão da participação está sempre presente. Destacamos a necessária análise sobre a participação através da utilização das mídias digitais presentes no mundo atual.

> ...quando falamos em gestão participativa no âmbito da escola pública estamos nos referindo a uma relação entre desiguais...e também uma comunidade não muito preparada para a prática da gestão participativa da escola, assim como do próprio exercício da cidadania em sua expressão mais prosaica. (GUTIERRES e CATANI, 2002, p. 69)

Entendemos a necessidade de estabelecer o diálogo com a comunidade educativa para enriquecer a relação para todas as partes envolvidas em todos os sentidos possíveis.

> ...o universo da escola é particularmente complexo e específico; o dialogo só pode ser verdadeiro e frutífero a partir de um esforço de aproximação onde todos tentem perceber e conhecer o outro em seu próprio contexto e a partir de sua própria história constitutiva. Ou seja, ver o outro tal qual ele mesmo se vê, e não apenas como eu o vejo a partir da minha especificidade. (GUTIERRES e CATANI, 2002, p. 74)

Na sociedade atual o uso da Internet propicia o desenvolvimento de formas novas de comunicação, de forma mais aberta, conectada, multilinguística e multimeios. A possibilidade de divulgar páginas na Internet gera uma grande motivação, visibilidade e responsabilidade para a comunidade educativa.

> Criam-se todos os dias mais de 140 mil novas páginas de informações e serviços na rede. Há informações demais e conhecimento de menos no uso da Internet na educação. E há uma certa confusão entre informação e conhecimento. Temos muitos dados, muitas informações disponíveis. Na informação, organizamos os dados dentro de uma lógica, de um código, de uma estrutura determinada. Conhecer é integrar a informação no nosso referencial, no nosso paradigma, apropriando-a, tornando-a significativa para nós. O conhecimento não se passa, o conhecimento se cria, constrói-se. (MORAN,1997)

Sabemos que atualmente é possível instalar sistemas que permitem ao professor: lançar notas; lançar conteúdos; lançar frequência; fazer relatórios sobre os alunos; e que permite à secretaria da escola: cadastrar disciplinas, cadastrar alunos, cadastrar professores, remanejar alunos, transferir alunos, bem como divulgar boletins e relatórios.

> Há um pouco de confusão entre tecnologias interativas - que permitem participação - e processos interativos. Uma tecnologia pode ser profundamente interativa, como, por exemplo, o telefone, que permite o intercâmbio constante entre quem fala e quem responde. Isso não significa que automaticamente a comunicação entre pessoas, pelo telefone, seja interativa no sentido profundo. As pessoas podem manter formas de interação autoritárias, dependentes, contraditórias, abertas. O telefone facilita a troca, não a realiza sempre. Isso depende das pessoas envolvidas. (MORAN, 1997)

Os sistemas informatizados permitem à Supervisão Escolar: lançar notas de eventos como feira de cultura, visualizar o trabalho dos professores, imprimir mapa conceitual para conselho de classe. Com relação aos pais e alunos é possível: acessar as notas ou conceitos, frequência e relatórios de avaliação das crianças e os conteúdos trabalhados em cada disciplina ou área do conhecimento.

Com relação ao acompanhamento do sistema educacional por parte das secretarias de Educação é possível acompanhar o trabalho de cada uma de suas escolas em tempo real.

> A palavra-chave é integrar. Integrar a Internet com as outras tecnologias na educação — vídeo, televisão, jornal, computador. Integrar o mais avançado com as técnicas convencionais, integrar o humano e o tecnológico, dentro de uma visão pedagógica nova, criativa, aberta. (MORAN, 1997)

A Prefeitura de São Paulo utiliza uma plataforma chamada “PÁTIO DIGITAL” para fazer enquetes, com relação a qualidade e quantidades dos uniformes e materiais pedagógicos utilizados nas escolas municipais. Esta enquete é aberta aos educadores, gestão, pais e alunos, desta forma propicia uma participação ou interação que só é possível com o uso da internet.

> O QUE É O PÁTIO DIGITAL?
>
> O Pátio Digital é uma iniciativa criada pela Secretaria Municipal de Educação de São Paulo com os objetivos de:

- promover espaço e metodologias de colaboração entre governo, Academia, sociedade civil e setor privado;
- aprimorar e automatizar processos de gestão da Rede Municipal;
- aumentar os níveis de transparência ativa e de abertura de dados da SME;
- desenvolver serviços digitais e ferramentas tecnológicas para atender às necessidades da comunidade escolar e
- fortalecer o controle das políticas educacionais e da aplicação de recursos por parte da gestão e da sociedade. http://patiodigital.prefeitura.sp.gov.br/

Introduzimos a ideia de cibercultura, que conforme afirma Silva /2010, trata-se do "novo ambiente de comunicacional-cultural que surge com a interconexação mundial de computadores em forte expansão no início do século XXI", propiciado pelo uso da internet. Desta forma, podemos afirmar que a internet, intensificada pelas redes sociais, traz para a escola uma nova forma de comunicação e interação com a comunidade em que está inserida.

> A mesma situação acontece com a Internet. Fala-se das inúmeras possibilidades de interação, de troca, de pesquisa. Elas existem. Mas, na prática, se uma escola mantém um projeto educacional autoritário, controlador, a Internet não irá modificar o processo já instalado. A Internet será uma ferramenta a mais que reforçará o autoritarismo existente: a escola fará tudo para controlar o processo de pesquisa dos alunos, os resultados esperados, a forma impositiva de avaliação. Os alunos, eventualmente, ou alguns professores poderão estabelecer formas de comunicação menos autoritárias, mas, para isso, precisam contrariar a filosofia da escola, mudando-a por conta própria, sem o endosso institucional. (MORAN, 1997)

O uso das redes sociais estão muito presentes nas unidades educacionais. Está é uma tendência que dificilmente retrocederá.

> Compreendo perfeitamente que a Internet é uma ferramenta fantástica para buscar caminhos novos, para abrir a escola para o mundo, para trazer inúmeras formas de contato com as pessoas. (MORAN, 1997)

A Internet é uma ferramenta que cada dia está mais presente no cotidiano das pessoas e o seu uso torna-se uma forma de comunicação interativa e acessível a grande parte da população, desta forma, a escola deve se adequar a esta tendência.

Os interlocutores

Verifica-se que cada pessoa tem a sua individualidade, da mesma forma que os grupos sociais apresentam sua cultura, resultado de condições naturais e sociais.

Na instituição de Educação Infantil nos relacionamos com as diferentes gerações que constituem as famílias das crianças, seus irmãos, pais e avós. A cada geração observamos novos costumes e valores. Consideramos os interlocutores a partir da diferença em sua inserção no mundo tecnológico, as chamadas gerações x, y e z.

> As pessoas da Geração Z são conhecidas por serem nativas digitais, muito familiarizadas com a internet, compartilhamento de arquivos, telefones móveis, não apenas acessando a rede de suas casas, mas também pelo celular, estando assim extremamente conectadas. https://pt.wikipedia.org/wiki/Gera%C3%A7%C3%A3o_Z , visualizado em 03/08/2017

Analisando as gerações em função de sua inserção na tecnologia podemos buscar formas de comunicação de modo a atingir todas as gerações, desde as pessoas que buscam o atendimento presencial na escola, até as pessoas que se comunicam através de mídias digitais, possíveis através do uso da tecnologia.

> Essa geração desenvolveu-se numa época de grandes avanços tecnológicos e prosperidade econômica, e facilidade material, e efetivamente, em ambiente altamente urbanizado, imediatamente após a instauração do domínio da virtualidade como sistema de interação social e midiática, e em parte, no nível das relações de trabalho. Se a geração X foi concebida na transição para o novo mundo tecnológico, a geração Y foi a primeira verdadeiramente nascida neste meio, mesmo que incipiente. https://pt.wikipedia.org/wiki/Gera%C3%A7%C3%A3o_Y visualizado em 03/08/2017

Em consequência disso, é primordial que estejamos atentos as mudanças nas formas de comunicação para atingirmos os diferentes grupos que constituem a comunidade escolar.

O blog como instrumento de comunicação

Apontamos a necessidade de aprimorar as formas de comunicação com a comunidade escolar, levando-se em conta a diversidade de seus interlocutores e sua inserção numa dimensão virtual, propiciada pelas novas tecnologias.

Dentre as possibilidades de fácil e rápida implementação está o blog.

> O Blog é um diário online, no qual seu responsável publica histórias, notícias, ideias e imagens. Se quiser, ele pode liberar a participação de colaboradores que terão acesso para também publicar no seu blog. Como diário aberto, pode ter autoria coletiva, permitindo a todos publicar ou postar seus textos e imagens, como dialógica, como registro da memória de um curso. Como diário virtual, o professor ou estudante pode disponibilizar conteúdos de aprendizagem e postar sua produção pontual. O responsável cuida da publicação do conteúdo diário e da interação com os comentários postados pelos leitoresinteratores. O blog abriu caminho para congêneres como o fotolog, que permite publicar imagens ou fotos que os visitantes podem comentar. O responsável pelo blog libera o seu espaço para mensagens e para inclusão de novas imagens. (SILVA, 2010, p48)

Conforme afirma Zabalza (1998, p. 37), é um fator importante para promover uma escola de qualidade, manter "relações com a comunidade que incluem dois aspectos fundamentais: a participação das famílias na dinâmica formativa da escola e o reconhecimento e o apoio da comunidade à ação escolar."

Na busca de estabelecer mais uma forma de comunicação com a comunidade de uma escola de Educação Infantil, analisamos uma Unidade Escolar que implantou um blog institucional em 2016. Verificamos através da ferramenta de estatística do blog que ocorreram 279 visualizações em um mês, sendo que há 240 crianças matriculadas na escola.

Verificamos que a criação do blog institucional trouxe um impacto positivo, como mais um elemento ou espaço de interação com as famílias e funcionários.

Quando a gestão promove o blog como mais um recurso na capacidade de comunicação da escola, também promove o exercício da leitura, da escrita, ao uso do senso crítico e a familiaridade com o "mundo da internet".

Entendemos que a instituição de Educação Infantil como um local para as práticas democráticas não ocorrem por acaso, é necessário que haja intenção e ações para que isso aconteça e este processo requer condições favoráveis.

> A qualidade da educação infantil depende, cada vez mais, da parceria entre a escola e a família. Abrir canais de comunicação, respeitar e acolher os saberes dos pais e ajudar-se mutuamente. Eis algumas ações em que as únicas beneficiadas são as nossas crianças pequenas. (CARRARA, 2006, p. 31)

O uso do blog em uma instituição de educação infantil pode melhorar a comunicação entre a equipe administrativa, docente e famílias; bem como permite divulgar ações cotidianas das crianças, projetos institucionais, tornando-se um espaço de registro e memoria da instituição; propicia o incentivo à participação através de comentários e enquetes.

> O internauta busca agilidade e objetividade, ou seja, textos extensos afastam um possível leitor da internet. O que deve ser trabalhado é a fragmentação por meio dos links, como citado anteriormente, a publicação de materiais longos e cansativos apenas afastará os leitores do site ou portal, neste caso as redes sociais não trabalham com esse tipo de conteúdo mais longo, os usuários precisam ter a informação de maneira mais curta e direta, dada a necessidade constante de tempo para outros afazeres e procurar transmitir a informação de forma clara é a melhor solução. (ROSSETTI e FURLANETTO, 2016) http://www.revistas2.uepg.br/index.php/pauta/article/view/8693/5119

O blog tem a característica de agilidade nas publicações e atualizações, bem como traz identidade à escola.

Um blog educativo poderá proporcionar à escola uma nova ferramenta de comunicação; como meio de gerenciamento das relações com professores e família dos alunos, transmitindo informações ou materiais e disponibilizando conteúdos educativos para obtenção de feedback, divulgação da escola, histórico e proposta pedagógica; promoção de eventos, atividades ou projetos e enquetes, para a comunidade escolar e interessados.

Os blogs são um símbolo do caráter democrático e plural da internet, porém é necessário utilizar a internet de acordo com a legislação vigente, a Lei nº 12.965/14 regulamenta a internet no Brasil.

> O Marco Civil da Internet, oficialmente chamado de Lei N° 12.965/14, é a lei que regula o uso da Internet no Brasil por meio da previsão de princípios, garantias, direitos e deveres para quem usa a rede, bem como da determinação de diretrizes para a atuação do Estado. https://pt.wikipedia.org/wiki/Marco_Civil_da_Internet

Estaco o artigo 7º da Lei nº 12.965/14, que estabelece os direitos e garantias do usuário.

> CAPÍTULO II
> DOS DIREITOS E GARANTIAS DOS USUÁRIOS
> Art. 7o O acesso à internet é essencial ao exercício da cidadania, e ao usuário são assegurados os seguintes direitos:
> I - inviolabilidade da intimidade e da vida privada, sua proteção e indenização pelo dano material ou moral decorrente de sua violação;
> II - inviolabilidade e sigilo do fluxo de suas comunicações pela internet, salvo por ordem judicial, na forma da lei;
> III - inviolabilidade e sigilo de suas comunicações privadas armazenadas, salvo por ordem judicial;
>
> (BRASILIA. Palácio do Planalto. Marco Civil da Internet. Lei n° 12.965, de 23 de abril de 2014. Estabelece princípios, garantias direitos e deveres para o uso da internet)

Conclusão

Ao olhar para trás e analisarmos o percurso trilhado para a configuração da Educação Infantil na atualidade, acreditamos que o exercício da democracia e o compartilhamento de valores e princípios propiciem avanços para a qualidade do atendimento prestado às crianças e suas comunidades.

Entendemos que a instituição de Educação Infantil como um local para as práticas democráticas não ocorrem por acaso, é necessário que haja intenção e ações para que isso aconteça, bem como requer condições favoráveis e o envolvimento da comunidade escolar.

Assim destacamos o papel da equipe gestora a frente deste desafio, propiciando a construção de referenciais comuns sobre democracia e práticas democráticas visando a equidade nas reuniões e ações, promovendo a participação efetiva da comunidade escolar nas reuniões e colegiados buscando valorizar e dar voz aos diferentes atores, resgatando a imagem das crianças enquanto cidadãos de direito e a de funcionários e pais enquanto cidadãos competentes para ouvir e expressar as necessidades das crianças.

Acreditamos que a qualificação dos instrumentos de comunicação dentro das possibilidades da unidade escolar: murais, informativos, jornais, reuniões, agendas, telefone e blog, possibilitam recursos importantes e facilitadores das interações do grupo.

Verificamos que a criação e publicação de um blog institucional educativo, na instituição de Educação Infantil, propiciam para a escola uma nova ferramenta de comunicação e um meio de gerenciamento das relações com professores e famílias dos alunos possibilitando transmitir informações e disponibilizando conteúdos educativos para a comunidade escolar e interessados.

Percebemos que as famílias têm uma ampliação no repertório de possibilidades de contato com a escola, propiciado pelo uso da internet; que possibilita também a consulta ao percurso educativo, à agenda de atividades da escola e ao perfil dos educadores e da instituição.

Tendo em vista os aspectos observados acreditamos que a qualificação da comunicação com a comunidade educativa, com a utilização da internet, poderá contribuir com a qualidade da educação.

Consideramos que quando a equipe gestora promove, junto aos educadores, uma atmosfera democrática dentro do âmbito escolar, esses princípios fazendo parte do cotidiano dos profissionais, serão compartilhados com as crianças viabilizando um espaço para uma aprendizagem democrática efetiva, enriquecendo de forma significativa a convivência entre os diferentes atores.

Referências

BENEVIDES, Maria Victória. Educação para a Democracia (1996). Disponível em http://www.hottopos.com/notand2/educacao_para_a_democracia.htm visualizado em 12/06/2017

BRASILIA. Palacio Do Planalto. Marco Civil da Internet. LEI N° 12.965, de 23 de abril de 2014. Estabelece princípios, garantias direitos e deveres para o uso da internet. Disponível em http://www.planalto.gov.br/ccivil_03/_ato2011-2014/2014/lei/l12965.htm visualizado em 2/12/2017

CARRARA, Kester Introdução a Psicologia da Educação: seis abordagens. São Paulo, Ática, 2006

GUTIERREZ, Gustavo Luis e CATANI, Afrânio Mendes. Gestão democrática da Educação: atuais tendências, novos desafios/ Naura Syria Carapeto Ferreira(org.). 3ª edição. São Paulo. Cortez, 2001 .2001-p69

MORAN, José Manuel. Ciência da Informação Relatos de experiências: Como utilizar a Internet na educação. Disponível em http://www.scielo.br/scielo.php?script=sci_arttext&pid=S0100-19651997000200006 visualizado em 6/12/2017

MOSS, Peter. Introduzindo a política na creche: a educação infantil como prática democrática. Revista Psicologia. São Paulo: USP, vol.20, no.3, p. 417 – 423, jul./set. 2009.

ROSSETTI, Regina e FURLANETTO, Clóvis. Revista Pauta Geral Estudos Em Jornalismo. Produção de texto legível para a Internet. Vol.3, n.1 p.41, Jan/Jun. 2016. Disponível em http://www.revistas2.uepg.br/index.php/pauta/article/view/8693/5119 visualizado em 06/12/2017

SÃO PAULO. Secretaria Municipal de Educação. Orientação Normativa 01/2013. Avaliação na educação Infantil aprimorando olhares. DOT/SME. Disponível em http://www.sinesp.org.br/index.php/quem-somos/legis/204-reorganizacao-curricular-e-administrativa-sme-programa-sao-paulo-integral/3400-orientacao-normativa-01-2013-avaliacao-na-educacao-infantil-aprimorando-os-olhares visualizado em 02/12/2017

SÃO PAULO. Secretaria Municipal de Educação. Orientação Normativa 01/2015. Padrões básicos de qualidade da Educação Infantil Paulistana: Secretaria Municipal de Educação. – São Paulo : SME / DOT, 2015. Disponível em http://portal.sme.prefeitura.sp.gov.br/Portals/1/Files/35746.pdf visualizado em 08/12/2017.

SILVA, Marco. Revista digital de tecnologias cognitivas. Numero 3 – Janeiro- Junho. 2010. Educar na cibercultura: desafios à formação de professores para docência em cursos online. 2010. Disponível em http://www4.pucsp.br/pos/tidd/teccogs/artigos/2010/edicao_3/3-educar_na_cibercultura-desafios_formacao_de_professores_para_docencia_em_cursos_online-marco_silva.pdf visualizado em 12/12/2017

ZABALZA, M. A. qualidade em educação infantil. Porto Alegre: Artmed, 1998

Sites

http://patiodigital.prefeitura.sp.gov.br/ visualizado em 03/12/2017

https://pt.wikipedia.org/wiki/Gera%C3%A7%C3%A3o_Y visualizado em 03/08/2017

https://pt.wikipedia.org/wiki/Gera%C3%A7%C3%A3o_Z visualizado em 03/08/2017

https://pt.wikipedia.org/wiki/Marco_Civil_da_Internet visualizado em 01/12/2017

Capítulo 10

A Coordenação Pedagógica: um desafio a conquistar

Renata Aguilar

Antes de iniciar nossa reflexão sobre o papel do Coordenador Pedagógico e suas funções, temos que analisar como o C.P. exerce sua função dentro da escola.

Não iremos nos aprofundar nos aspectos teóricos e históricos da função do Coordenador, mais sim em algo muito mais prático e que possa ser útil como base e subsídios. Existem algumas formas de assumir o cargo e nas escolas particulares o acesso é feito por um professor que se destaca no grupo, realiza o que a direção almeja e é bem quisto pelos pais. Ele acaba sendo promovido e assume a função. Como em um conto de fadas dorme professor e acorda Coordenador.

Ao assumir a função, os demais professores passam a ter algumas posturas excludentes com o colega, pessoas que antes eram seus amigos, convidavam-no para festas, agora deixam de fazer determinados comentários ou convites na frente dele, pois ele exerce uma autoridade, o cargo de chefia. Em contrapartida, pessoas com quem não tinha tanto contato passam a agradá-lo, se aproximam, querendo conquistar benefícios. Outra forma de iniciar na profissão é a contratação de um Coordenador que passa a inserir a equipe, alguém desconhecido. Terá uma grande tarefa, além de conhecer e compreender como a instituição funciona terá que conquistar a equipe para que seu trabalho possa ser efetivado.

Em ambas as situações, o papel do Coordenador é um desafio e ainda temos o diretor que assume a posição de Coordenador ou até mesmo um professor que fica entre a sala de aula e a coordenação.

Em todos os casos o Coordenador assume muitas funções e passa a se tornar aquele que resolve os problemas da escola. Em uma pesquisa com vários Coordenadores da rede privada, as funções são as mais diversas e até mesmo algumas inusitadas.

A função do Coordenador Pedagógico tem sido discutida recentemente com o objetivo de ser alguém muito mais efetivo no processo de ensino e aprendizagem do que alguém que realiza aspectos burocráticos e administrativos. Um profissional tão importante e pouco valorizado no âmbito escolar.

Nas instituições privadas sua função tem sido alvo de muitas críticas por parte dos professores, ele é visto como alguém que fiscaliza e faz cobranças, que não auxilia o professor e que muitas vezes não tem uma ação sobre determinada situação.

Para alguns professores, o Coordenador tem que ser aquele que "coloca ordem" na escola. Inúmeras vezes os alunos são encaminhados para a coordenação por terem sido retirados da sala de aula pelo professor, por indisciplina ou por questões de não cumprimento de tarefas.

Na visão do professor, a Coordenação deve resolver de forma mais agressiva: suspensão, advertência ou outra punição. E quando isto não acontece o Coordenador é visto como: "não adianta mandar o aluno para a coordenação, nunca é feito nada". Esta é uma frase comum na voz do corpo docente.

Alguns subsídios para sua ação, obtidos na formação podem ser: os conhecimentos voltados para o aluno; os que permitem a compreensão e a aplicação de dados estatísticos para verificar e acompanhar os índices de aprendizagem dos alunos; teorias; relação entre base teórica e prática e conhecimentos para a ação obtidos nos encontros de Coordenadores.

Pode-se dizer que falta ao Coordenador Pedagógico conhecimento de proposta de trabalho nas escolas particulares e na realidade escolar, base de trabalho conciso de novas tecnologias. Além disso, falta-lhe fundamentação sobre aspectos psicológicos dos alunos, das famílias e dos professores e relações humanas.

O que realmente funciona é o acompanhamento do planejamento, o momento da permanência, a avaliação continuada do trabalho docente. A formação do CP deve estar alinhada a uma proposta prática com didáticas voltadas ao o diálogo entre teoria e prática e o trabalho do professor, ao conhecimento das necessidades dos educandos e docentes.

Como o Coordenador é visto?

O Coordenador Pedagógico é aquele que está entre a direção que cunha os objetivos da instituição e o trabalho do professor. Por isso para administrar as possíveis dicotomias é necessário seriedade, reflexão e objetivos bem definidos.

Algumas escolas particulares, assessoradas por empresas de marketing elencam a função do CP conforme a seguir:

- Assistir as aulas dos professores.
- Realizar reuniões individuais com os professores dando devolutiva sobre a aula.
- Atendimento aos pais.
- Reuniões coletivas e individuais com os professores.
- Gestão de projetos.
- Planejamento dos eventos, reuniões de pais e passeios.
- Relações interpessoais
- Comunicados (calendário, provas, eventos, reuniões, recuperação etc.).
- Montagem da semana de revisão e recuperação.
- Verificação de seminários e planos de aula.
- Verificação de provas.
- Conferência de diários e notas.
- Organização geral da escola (horários, faltas, reposição de aulas etc.).
- Atendimento a clientes novos.
- Incentivar as ações de endomarketing.
- Analisar resultados.
- Diante de suas inúmeras funções, o que é necessário para ser um bom Coordenador?

O professor espera do Coordenador Pedagógico alguém que possa ser parceiro da jornada pedagógica, que possa compartilhar ideias e aplicá-las e resolver juntos problemas relacionados ao dia a dia da sala de aula. Espera-se que o Coordenador possa contribuir para um melhor aprimoramento pedagógico e profissional do professor.

A escola é uma organização social e para seu bom funcionamento todos os pontos que regem sua função devem estar bem organizados, horários, rotina escolar, calendários etc. E aqui entra o Coordenador que tenta de todas as formas manter esta organização equipada funcionando como um maestro que rege sua orquestra. Uma das funções do Coordenador é a gestão de pessoas. Mas nem tudo o que acontece na escola tem que ser responsabilidade do Coordenador. Por este motivo, a organização do trabalho é fundamental, pois o Coordenador assume papéis e sobrecarga de tarefas sem se dar conta disso. O primeiro ponto que discutiremos a seguir e a organização da rotina do Coordenador Pedagógico.

Delegar funções

Para muitos delegar algumas funções requer sacrifício, pois passa a ter a imagem de alguém que não quer realizar algo. Temos que quebrar este paradigma.

Este ponto é o primeiro passo para que o Coordenador Pedagógico possa organizar sua função e realmente exercê-la integralmente. Procurar blusas de uniformes, abrir e fechar portão, fazer questões administrativas não favorecerão esta mudança. Então, colocar alguns funcionários responsáveis por questões pequenas e que demandam muito tempo do Coordenador auxiliam muito nesta mudança de postura. O Coordenador Pedagógico tem que ter tempo para fazer o que realmente é necessário!

Atendimento aos alunos

O Coordenador deve ser responsável pela aprendizagem e bem estar de todos os alunos, mas não pode ser solicitado pelo professor/funcionário para resolver problemas pequenos e sem relevância. Alguns aspectos não necessitam da interferência do Coordenador. Estas condutas rotineiras de dentro da sala de aula devem e podem ser resolvidas pelo próprio professor.

Faltas de funcionários

Organizar as funções de cada funcionário na escola pode ajudar também. Deixar alguns professores responsáveis ou auxiliares para que possa substituir faltas de funcionários. O Coordenador só pode substituir professor em extrema necessidade.

Atendimento aos pais e outros profissionais

Muitos casos, não são necessários que o Coordenador Pedagógico atenda os pais. O professor deve ter esta autonomia em relatar aspectos do dia a dia do aluno e do processo de aprendizagem. Isto pode ser feito nas reuniões de pais ou em horários determinados pela escola.

Muitas vezes, o Coordenador Pedagógico atende pais que demandam um grande tempo. Uma dica importante é que neste caso, o Coordenador não desvie o foco pedagógico da conversa e retome com as famílias o assunto principal daquele atendimento. Um horário de atendimento aos pais não deve ultrapassar 20 minutos. No que se refere aos atendimentos aos especialistas podem se restringir por telefone que é muito mais rápido e tão eficaz quanto pessoalmente. Deixo muito claro que há exceções e há casos que é necessária sim a presença do Coordenador nos atendimentos.

Vamos refletir mais um pouco: entendemos que o Coordenador Pedagógico é aquele profissional que tem por atribuição, no âmbito escolar, articular, coordenar, acompanhar, supervisionar, orientar, subsidiar o desenvolvimento do trabalho pedagógico que se desenvolve no interior da escola, na perspectiva da realização de um ambiente escolar que favoreça o desenvolvimento da aprendizagem, da ética, da cidadania, a partir do fortalecimento da gestão democrática e do trabalho coletivo. Ele é um membro muito importante que sustenta e dá apoio aos alunos, pais e professores. O CP é um membro fundamental para o aprimoramento do processo ensino e aprendizagem tanto dos alunos quanto dos professores.

Devido a rotina escolar, muitos professores não conseguem realizar cursos de aprimoramento, refletir sobre seu papel e sobre sua aula. É neste momento que entra em cena o Coordenador Pedagógico como agente propulsor do trabalho do professor.

Sua finalidade é angariar o comprometimento e o envolvimento da equipe escolar. Não é somente a busca de soluções, mas sim a busca de crescimento e mudanças que favoreçam a escola como unidade escolar. O Coordenador Pedagógico pode auxiliar o professor na melhoria da qualidade da sua aula. A atuação do professor e do Coordenador se complementa.

A formação contínua do professor pode ser influenciada pelo Coordenador Pedagógico como atuante em seu desenvolvimento e dos alunos. A reflexão sobre sua prática se dá quando há alguém engajado no processo, não bastando resolver problemas burocráticos, pois é necessário repensar. O papel do Coordenador Pedagógico tem que estar voltado para o trabalho do professor, quando este melhora suas aulas, reflete sobre seu plano de aula e tem o apoio de um líder, vários problemas podem ser evitados. A ação reflexiva do Coordenador Pedagógico deve ser considerada em análise das situações escolares e o que é realmente importante na sua atuação.

Coordenador como líder ou um líder na Coordenação?

O Coordenador é um líder e um líder que traga exemplos em sua conduta. Como um líder deve atuar? Um líder pode exercer uma influência negativa ou positiva na equipe. Antes de dar continuidade a leitura proponho o seguinte teste, destacado na obra de Sylvia Constant Vergara, no livro: Gestão de Pessoas (Teste nos anexos p. 197).

Para Furlanetto apud (in Queluz,2000):

> "Coordenador e professor, investidos de papéis diferentes, de saberes diversos, podem buscar um encontro fecundo cujo fruto seja a construção de uma prática pedagógica mais consistente, enriquecida, criativa e verdadeira." (p. 95)

Esta abordagem colocada por Furlanetto (2000) é o ideal na relação coordenação e professor, a imagem do Coordenador não pode ser a de fiscal, apontando apenas os erros e sim que possa contribuir no aprimoramento dos professores.

Uma grande dificuldade dos professores é quando identificam as dificuldades dos alunos, porém não conseguem desenvolver planos de aula que os façam avançar e, muitas vezes, os Coordenadores Pedagógicos também não sabem como ajudá-los. As reuniões pedagógicas são momentos de retomar a rotina escolar e o plano de aula buscando um novo pensar sobre a prática educativa. Quando as reuniões passam a ser rotinas na criação de novas estratégias de ação os resultados passam a ser mais eficientes.

Seja eficaz nas reuniões pedagógicas

Muitas vezes, as reuniões pedagógicas não são bem elaboradas e perde-se muito tempo com conversas paralelas, assuntos que não são pertinentes ao objetivo central e a reunião acaba com muitos itens a definir; primeiro defina o objetivo da reunião, o assunto a ser tratado, estratégias de abordagem e o tempo de duração. Verificar quem estará participando da reunião, serão todos os professores? Apenas professores de um determinado segmento? Auxiliares? Isto é muito importante, pois muitas vezes o Coordenador reúne todos os segmentos, Educação Infantil, Ensino Fundamental I e II para tratar dos aspectos como, por exemplo, as mordidas no Maternal.

Isto acontece muito quando há um único Coordenador para todos os segmentos. Há escolas que há um Coordenador para cada segmento, sendo também necessários encontros para que não se perca a visão do todo e da escola como unidade.

Algumas ações necessárias: promover reuniões de formação com professores e auxiliares juntos e separados para que possam discutir as dificuldades e buscar soluções; promover grupos de estudo para aprimoramento e embasamento teórico e prático para melhorar a ação pedagógica e os planos de aula; refletir sobre como incluir mais a participação das famílias dentro da escola; organização e estratégias para resolver situações de conflitos entre os alunos; selecionar experiências que tiveram bons resultados em sala de aula para que o professor possa expor suas estratégias de atuação; pode ser criando um banco de arquivos com estas experiências. promover palestras e cursos com diferentes profissionais; promover encontros com professores de diferentes segmentos para que todos possam conhecer o trabalho desenvolvido pela escola; lembrar que a escola tem que ter uma unidade, o professor do ensino médio tem que conhecer o trabalho do professor de educação infantil e vice-versa; reuniões individuais para que o Coordenador possa retomar aspectos específicos de um determinado professor ou uma determinada turma; muito cuidado ao propor dinâmicas de grupo que não possuem objetivos que agregam ao desenvolvimento afetivo e profissional da equipe; algumas dinâmicas geram desconforto e expõe demais os professores; o bom senso é sempre bem vindo.

Formar professores é a principal função do Coordenador

A formação continuada é essencial para que o professor possa aperfeiçoar sua prática e refletir sobre o conhecimento didático. Isso significa que o Coordenador Pedagógico deve ter clareza de sua metodologia pedagógica e dos objetivos que quer obter. É necessário respeitar o trabalho do professor para que juntos possam aprender a fazer e a repensar a prática educativa.

A prática de saber operacionalizar as tarefas que executa e a criação de processos que permitam a equipe escolar ser proativa, é necessário um mediador que tenha atitudes transparentes estabelecendo laços de confiança e de organização.

Segundo Tonini e Oliveira, 2015:

> Os Coordenadores Pedagógicos, enquanto profissionais essenciais na organização e articulação dos processos educativos que ocorrem nas escolas, devem ser capazes de compreender as múltiplas dimensões que estruturam a prática pedagógica. Por um lado, tem-se a dimensão daquilo que mais diretamente se liga aos atos educativos, pois incidem sobre as práticas pedagógicas, seus problemas e resultados escolares. Em outras palavras, esta é a dimensão que compreende os processos de ensinar e de aprender, a interação professor-aluno, a forma de tratamento pedagógico dado aos conhecimentos e seu processo de socialização, conforme os diferentes campos do saber, metodologias específicas, concepções de aprendizagem, planejamento e de avaliação. (TONINI, 2015)

De acordo com a pesquisa e obra feita pela Secretaria da educação de Salvador, 2012, o Coordenador é um ser articulador que implica em:

> Estruturar um ambiente colaborativo, pautado em relações interpessoais éticas, promovendo espaços de diálogo e reflexão da prática pedagógica. Assim, a ação educativa precisa ser planejada, articulada com os participantes da unidade escolar, sendo o Coordenador Pedagógico um dos elementos de ligação fundamental, por meio de estratégias interativas de trabalho, em momentos de estudos, proposições, reflexões e ações.

Segundo Instituto Chapada de Educação e Pesquisa Caeté, organizados por Gouveia, Inoue e Amado (2012), no livro sobre Coordenação Pedagógica:

> Os conteúdos da formação dos professores estão na sala de aula, nos problemas enfrentados diariamente – e não nos discursos milagrosos que prometem uma revolução educacional em tempo recorde. As mudanças serão possíveis no momento em que as políticas de formação assumirem a escola como um lugar privilegiado para o desenvolvimento profissional e, portanto, para a formação permanente. A sala de aula deve ser considerada, ao mesmo tempo, o ponto de partida e o de chegada das ações formativas e ser sempre analisada com base nas teorias.Isto é, a prática tem de ser teorizada para ajudar os professores a compreender, cada vez mais, os aspectos envolvidos nas interações entre aluno, professor e objeto de ensino. GOUVEIA, 2012)

Repensar a formação dos professores a partir das situações que se dão em sala de aula. Assim podemos dizer que é na sala de aula que acontece o fazer pedagógico entre o Coordenador Pedagógico e o Professor! Se formar professores é a função do Coordenador é preciso trabalhar competências para que esta prática seja efetivada. O Coordenador Pedagógico não é terapeuta e nem pode assumir este papel. Ele deve buscar ser reflexivo e fazer uma conexão entre os objetivos a serem atingidos e o fazer pedagógico do professor e da escola, levando em conta a aprendizagem do aluno como produto final.

O Coordenador Pedagógico deve ter seus objetivos muito claros que não podem estar relacionados à busca de falhas no trabalho do professor. Um verdadeiro professor sempre busca o melhor caminho para que seu aluno aprenda e mesmo que a direção esteja errada as falhas não podem ser valorizadas e evidenciadas no grupo ou até em reuniões pedagógicas.

Fazer discursos dentro de uma reunião pedagógica sobre atrasos, ausências, os cursos não realizados, as avaliações preparadas sem reflexão sobre a formulação das questões, dos alunos que não apreciamos e queremos nos livrar, são assuntos que geram desconforto entre a equipe.

Estes aspectos devem sim ser abordados, mas de forma diferente na reunião, com textos reflexivos sobre a indisciplina, com especialistas para falar assuntos pertinentes, podem ser algumas dicas que favoreçam o Coordenador Pedagógico a atingir seus objetivos sem o desgastar emocionalmente perante o grupo. Temos que transformar estes pontos em objetos de formação.

Um ponto importante a ser mencionado é sobre a necessidade do Coordenador Pedagógico ter tido a prática e ter passado pela experiência em sala de aula. O fazer e o liderar são necessários quando o Coordenador Pedagógico vivenciou situações e pode trazer sua experiência para esta nova função. Todo Coordenador Pedagógico tem que ser professor! A vivência trará para o Coordenador segurança e uma quebra de paradigmas. Concordamos com Perrenoud na seguinte proposição:

> Nenhum formador de professores pode ignorar o problema das finalidades da escola e de seu sentido. Somado a isso, não pode resolvê-lo, pois ele está no centro das contradições do sistema educativo e da intenção de educar e instruir: contradições entre o desejado e o possível, entre as promessas e os atos, entre as belas ideias e as resistências à realidade entre as aspirações democráticas e os mecanismos de exclusão *(Orsolon apud Perrenoud, 2000)*

A partir deste trecho de Philippe Perrenoud, o Coordenador Pedagógico deve destacar e fazer um plano de seu trabalho partindo das necessidades de todas as pessoas que atuam diretamente em sua função. Para o Coordenador Pedagógico algumas questões devem estar claras. A tabela a seguir auxiliará o CP a repensar suas práticas a partir de questões que devem ser respondidas.

	Professcres	Família	Alunos	Direção
Necessidades				
Função na escola				
O que pensam sobre a escola?				
Dificuldades/resistência				
Expectativas				
Ações que podem favorecer à mudança				

Fonte: (Orsolon apud Perrenoud, 2000)

Após ter uma visão geral de cada um, é mais fácil para o Coordenador Pedagógico buscar possíveis soluções e mudanças. Para auxiliar no preenchimento da tabela é necessário "ouvir", pode ser feito em forma de pesquisa. É melhor que as pessoas não se identifiquem para que os resultados sejam mais próximos da realidade. Queluz retrata que:

> Escutar de forma sensível e simbólica nos permite descobrir uma outra maneira de ouvir, que vai além do que é dito verbalmente, que recupera as entrelinhas e traduz o que ainda não está claro. Com sua capacidade ampliada de entrar em contato, o coordenador poderá perceber cada professor como um ser multifacetado e complexo, como uma singularidade que pensa, se emociona, que tem medo, sente raiva, vibra, como alguém que possui um projeto próprio de vida. (Queluz, 2000)

Cada vez tenho mais a certeza que todos são capazes de aprender e a mudar seu comportamento. O Coordenador Pedagógico não pode acreditar que aquele determinado professor não consegue atuar de maneira efetiva na sala de aula, sem ter tido uma interferência e orientação.

Já ouvi inúmeras vezes que quando o professor é demitido não sabe compreender o motivo. Muitas vezes, o Coordenador não conversa com o professor sobre suas fragilidades e em quê pode melhorar. Portanto, o diálogo é imprescindível, não precisamos ter respostas para tudo, mas podemos ouvir, refletir e juntos, buscar caminhos para uma relação saudável de aprendizagem e trocas de experiência e saberes para ambos.

Relação entre o Coordenador Pedagógico e o aluno

O Coordenador Pedagógico é visto pelos alunos como alguém que dá as ordens na escola de forma autoritária. É aquele quem o aluno tem contato apenas para resolver conflitos de sala de aula ou quando foi encaminhado pelo professor por problemas disciplinares ou pedagógicos.

Esta relação do Coordenador Pedagógico com o aluno difere de acordo com a faixa etária da criança. Todo Coordenador Pedagógico já deve ter ouvido seu nome quando o professor está "dando bronca" na turma. Uma forma de resolver esta situação é o Coordenador Pedagógico se aproximar do aluno, ouvir e participar do contexto escolar. Verificar alguns cadernos, elogiar a letra e o capricho do aluno. Isto diminui a distância e cria vínculos. Para as turmas de Educação Infantil e anos iniciais do Ensino Fundamental a participação na aula funciona muito bem.

Com os alunos maiores o diálogo é sempre bem vindo; ouvir as angústias, os motivos que levou o professor a retirá-lo da sala de aula são ótimos caminhos. Isto não significa ir contra ou a favor do professor e sim ouvir e orientar. Por exemplo, uma caixa com sugestões para os alunos na porta da sala do Coordenador Pedagógico pode ser muito útil. Na caixa os alunos deixam sua opinião, sugestão e outros pontos importantes que necessitam ser ouvidos. Outro exemplo é o Coordenador ir até a sala de aula pelo menos uma vez por semestre e fazer uma autoavaliação com os alunos, ouvir, permitir que escrevam também sobre suas condutas e desempenhos.

Existem situações como: Quando dois alunos brigam e se agridem tanto fisicamente quanto verbalmente, o que fazer? Quantas vezes, nós Coordenadores apanhamos junto? O primeiro passo é tentar acalmar a situação, já advertir, suspender sem ouvir o que realmente aconteceu irá causar mais ansiedade e agitação entre os alunos envolvidos e, consequentemente, as famílias.

Após tentar, o Coordenador Pedagógico poderá buscar a melhor alternativa para a resolução. Durante o conflito os alunos sempre acusam o colega de ter iniciado, de ter não compreendido tal brincadeira ou atitude. A briga de um aluno de quatro anos é bem diferente de um aluno de quatorze anos, e neste momento o Coordenador Pedagógico deve saber como agir com cada faixa etária.

Muitas vezes, estes casos acontecem no horário mais agitado da escola, intervalo, entrada e saída, com pais na portaria, secretaria e grande movimentação. Quantas vezes, isto acontece exatamente no dia que houve muitas faltas de funcionários, alunos doentes precisando ir embora mais cedo e aparecem dois alunos que acabaram de brigar? A melhor saída é tentar resolver as prioridades e quando conversar com os alunos o Coordenador Pedagógico deve estar tranquilo para ouvir, caso contrário a advertência e suspensão não serão a melhor solução. Por este motivo, o bom senso é sempre a melhor saída.

Relação entre o Coordenador Pedagógico e os pais

Durante muito tempo, o Coordenador Pedagógico não tinha muito contato com as famílias, pois os pais procuravam o professor ou a direção escolar quando havia algum problema.

Há escolas na atualidade, hoje que já dividem a função do Coordenador Pedagógico com o Orientador Educacional, sendo que cabe a este todo o contato com os alunos e pais e de formador dos docentes. Na maioria dos casos o Coordenador Pedagógico assume estes dois papeis e isto fica perigoso.

A escola particular é movida pela mensalidade dos alunos. Em um país onde a crise econômica e a instabilidade política é sempre muito acentuada, quando os pais pagam por um serviço acabam sendo mais exigentes, mas nem sempre esta exigência é saudável.

Exigir por um ensino de qualidade para o filho é ótimo, mas o que vem acontecendo nas escolas particulares é um índice de pais insatisfeitos e até agindo de forma agressiva com a equipe escolar. É lamentável as ameaças que os pais têm feito em relação à escola e muitas são irreais. Os filhos contam suas versões para os pais e os mesmos já retornam ao colégio com agressões verbais e ameaças. Deixo claro que há exceções e que há erros por parte da escola ou dos professores, mas é constante a inversão de valores e desrespeito com os professores.

As redes sociais estão repletas de pais criticando a escola ou o professor. Até simples comunicados nas agendas são expostos na Internet e em grupos sociais. Atualmente há grupos e redes de pais da mesma turma que compartilham os comentários dos filhos, as lições de casa, os erros do professor, entre outros.

Não abordarei aqui as leis referentes a este processo, mas sim que quando estes aspectos chegam para o Coordenador Pedagógico o assunto já foi veiculado por todos os outros pais e até na internet, causando uma avalanche de problemas.

É muito comum os pais se reportarem primeiro ao Coordenador Pedagógico com suas angústias. É neste momento que o Coordenador assume o papel de mediador entre o professor e as famílias.

Além dos e-mails e comunicados que recebemos nas agendas, há pais que grifam as palavras que escrevem e ainda colocam as letras todas maiúsculas para mostrar sua indignação pelos fatos. Ainda ouvimos a seguinte frase: "eu pago o salário deste professor". Quem nunca ouviu isto?

Lembro que quando criança meus pais sempre reforçaram o papel do professor como alguém sublime, alguém que devemos respeitar e que a escola era "a segunda casa". É muito claro que as situações mudaram e as gerações são outras. O medo do professor que o aluno possuía não deve existir, a educação não deve ser movida pelo medo, mas sim pelo respeito e pelo vínculo afetivo.

Mas então solucionar conflitos faz parte do papel do Coordenador Pedagógico? Neste caso, o Coordenador Pedagógico não pode deixar de lado as situações e se isentar do problema. A parceria entre a escola e a família é bem vinda e quando a família compreende os objetivos da escola e da equipe poderá ajudar no processo de ensino e aprendizagem, além de apoiar projetos. Reuniões de pais são ótimas oportunidades para estreitar os vínculos. As reuniões coletivas podem ter várias abordagens: pedagógicas, palestras com especialistas, esclarecimentos sobre os projetos e atividades da escola, além de momentos de reflexão sobre a educação das crianças e jovens. Uma reunião dinâmica onde os pais possam compartilhar suas experiências na difícil arte de educar traz também grandes resultados.

Muitas escolas preferem a distância das famílias e isto acarreta muita insegurança. É óbvio que não pode haver interferência no projeto pedagógico do colégio. O Coordenador Pedagógico não fará uma reunião para decidir, por exemplo, a cor do uniforme ou a data da festa da família. Aspectos como estes só geram conflitos e não haverá um acordo comum. A proximidade deve acontecer em temas gerais, estabelecer uma relação mesmo de parceria e cumplicidade através de uma reunião bem planejada sobre os objetivos a serem atingidos naquele momento.

Não devemos nunca mentir para as famílias, inventar situações para justificar um erro ou algo conflitante não resolverá o problema. É muito mais simples admitir que aconteceu o erro e que a escola tentará solucionar do que criar "desculpas". Quando a verdade permanece as famílias passam estabelecer maior confiança, principalmente com a coordenação pedagógica e percebem que estão juntos para atingir os mesmos objetivos.

O Coordenador Pedagógico sempre assume a elaboração de comunicados que são liberados para as famílias. A clareza na comunicação e o diálogo entre ambos acontece, na maioria das vezes, pela forma escrita. Sempre leia várias vezes antes de liberar o bilhete ou comunicado, eles devem ser revisados. Para a Coordenação o comunicado pode estar muito claro, pois ela está envolvida com o processo educativo, mas para as famílias não. Vale a pena ler e reler.

Comunicados devem sempre ser liberados com antecedência, um calendário funciona muito e traz a organização para o Coordenador. Não adianta pedir uma fruta, por exemplo, de um dia para outro. Os pais trabalham e só verificam as agendas escolares, muitas vezes, à noite.

Imagine que você chega do trabalho por volta das 20h e abre a agenda do seu filho com uma solicitação de uma mexerica para o dia seguinte, você tem isto em casa? Nem sempre! Todo cuidado é pouco. Isto acontece também com solicitação de determinados acessórios, roupas ou fantasias para as festas escolares. Algumas são tão complicadas que mobilizam a família toda. Até os vizinhos são mobilizados na tentativa de conseguir. Todas essas situações chegarão na Coordenação Pedagógica. Por este motivo, que organizar com o professor a agenda e o plano escolar favorece e evita aborrecimentos. Enfim, o bom senso e o diálogo são os melhores caminhos para uma relação de sucesso.

O produto final da ação do Coordenador Pedagógico é a aprendizagem do aluno e sua relação com o professor. Então, um novo olhar para a educação escolar é uma frase impactante, mas pouco praticada.

Temos que tomar um grande cuidado com modismo. O Coordenador Pedagógico deve sim participar de muitos cursos e se atualizar, mas isto não quer dizer que deve chegar, a cada curso que faz e mudar o Projeto Político Pedagógico da escola.

Outro ponto que é necessário resgatar o aspecto emocional. Os alunos não conseguem socializar-se com o outro sem criar conflitos e os intervalos nas escolas são assustadores com agressões verbais e físicas. Não há tolerância entre eles.

Lógico que muitos destes problemas surgem já na família, mas é preciso estar claro que os dois caminham juntos e não paralelamente, como já relatado anteriormente. Segundo Cury (2010):

> Em que espaço social, em que família ou empresa, se aprende a treinar a filtragem de estímulos estressantes, que é um excelente código da inteligência? Esse lamentável erro educacional, sociológico, pedagógico, psicológico, tem gerado consequências gravíssimas (Cury, 2010).

Goleman (2000) aborda que um dos lemas da escola é "Nada Sem Alegria", sendo que as crianças esperam que os adultos tenham a capacidade de proporcionar alegria. "É o que exigem de todos e de tudo. Sem irradiar e receber alegria, o adulto não criará uma atmosfera em que a criança possa inventar e criar." (GOLEMAN, 2000 p. 73)

Um clima afetivo dentro da escola pode ser a solução para muitos problemas. E isto o Coordenador pode fazer juntamente com o trabalho do professor. Um ciclo que se abre é quando o Coordenador Pedagógico está feliz com sua função e transmite isso para o professor que, em consequência transmitirá ao aluno.

Referências

AGUIAR, M. E FERREIRA, N.C (orgs.) *Para Onde vão a orientação e a supervisão educacional?* Campinas: Papirus, 2002.

AGUILAR, R. *O Lúdico no Ensino Fundamental - uma abordagem psicopedagógica,* Edicon, 2011.

BLANDINO, F. *Maria Lucas. Papel do Coordenador Pedagógica das Escolas Municipais de Educação Infantil da Cidade de São Paulo: o confronto entre o legal, o ideal e o real.* Dissertação apresentada ao Mestrado em Educação da Universidade de São Paulo. São Paulo, USP, 1996.

BRASIL. Lei N°. 9394 de 20/12/1996. Estabelece as Diretrizes e Bases da Educação Nacional. In: Diário Oficial da União. Ano CXXXIV, n°. 248, de 23/12/96. pp 27.833-27.841, 1996.

CHRISTOV, Luiza H. da Silva. Educação Continuada: função essencial do coordenador pedagógico. In: GUIMARÂES, et all. *O coordenador pedagógico e a educação continuada.* 3ª ed. São Paulo: Loyola, 2000.

CURY, AUGUSTO *O código da inteligência e a excelência emocional*, Editora Agir, Rio de Janeiro, 2010.

FERNANDES, Maria José da Silva. A fragilidade da profissionalidade docente - o caso do professor coordenador pedagógico nas escolas estaduais paulistas. In: *28ª Reunião Anual da Associação Nacional de Pós-Graduação e Pesquisa em Educação*, 2005, Caxambu. 40 anos da Pós-Graduação em Educação no Brasil, 2005.

FERREIRA, Naura Syria C. O trabalho e a formação dos profissionais da educação: priorizando finalidades com autodeterminação. In: AGUIAR, FUNDAÇÂO VICTOR CIVITA. *O Coordenador Pedagógico e a formação dos Professores: intenções, tensões, e contradições, encomendada* pela Fundação Victor Civita (FVC) à Fundação Carlos Chagas (FCC), em 2010/2011, (http://www.fvc.org.br/pdf/apresentacao-coordenadores-qualitativo.pdf. Acesso em 12/07/2017.)

GARRIDO, E. Espaço de Formação Continuada para o Professor Coordenador. In: BRUNO, E. B. G. et. al. *O Coordenador pedagógico e a formação docente.* São Paulo: Loyola, 2000.

GUERINO, F. Aparecida. *A construção da prática profissional do Coordenador Pedagógico.* Disssertação apresentada ao Mestrado em Educação da Universidade São Marcos. São Paulo, UNIMARCO, 2003.

GENTILI, Pablo e SILVA, Tomaz Tadeu da (orgs). *Neoliberalismo, qualidade total e educação: visões críticas.* Petrópolis: Vozes, 1995.

GOLEMAN, D. e SENGE, P. *O Foco Triplo*, Editora Objetiva, 2015.

GUIMARÃES, MATE, BRUNO, VILLELA, ALMEIDA, CHRISTOV, SARMENTO e PLACO.O Coordenador pedagógico e a educação continuada, Edições Loyola, SP, 1998.

ORSOLON, Luiza Angelina Marino. O coordenador/formador como um dos agentes de transformação da/na escola. In: ALMEIDA, Laurinda Ramalho de e PERRENOUD, Philipe.*10 novas competências para ensinar.* Porto Alegre: Editora Artes Médicas Sul Ltda, 2000.

PLACCO, Vera Maria Nigro de Souza (orgs.). *O Coordenador Pedagógico e o Espaço de Mudança.* 5ª ed. São Paulo: Loyola, 2006. (1ª ed, 2001)

PLACCO, Vera Maria Nigro de Souza. *Formação de orientadores educacionais: questionamento da sincronicidade consciente e confronto com a mudança.* Tese de doutorado do Programa de Estudos Pós-Graduados em Educação: Psicologia da Educação da Pontifícia Universidade Católica de São Paulo, 1992.

FURLANETTO e QUELUZ, Ana Gracinda (Org.) *Interdisciplinaridade: formação de profissionais da educação.* São Paulo: Pioneira, 2000, p. 85-101.

RAMOS, Inajara Vargas. *Coordenação Pedagógica: a ressignificação de um espaço permeado pelo Fazer, Saber e Aprender.* Dissertação apresentada ao Programa de Pós Graduação em Educação Básica da Universidade do Vale do Rio dos Sinos. São Leopodo (RS), UNISINOS, 2003.

ROMAN, M. *O professor coordenador e o cotidiano escolar: um estudo de caso etnográfico.* Dissertação de Mestrado apresentada no Mestrado em Psicologia Escolar e do Desenvolvimento Humano da Universidade de São Paulo, 2001.

SAVIANI, D.. A Supervisão educacional em perspectiva histórica: da função à profissão pela mediação da ideia. In: FERREIRA, Naura Syria C. (org) *Supervisão educacional para uma escola de qualidade: da formação à ação.* São Paulo: Cortez, 2000.

SECRETARIA MUNICIPAL DA EDUCAÇÃO, CULTURA, ESPORTE E LAZER – SECULT - *Coordenador Pedagógico Caminhos, desafios e aprendizagens para a prática educativa.* Salvador, 2012

VERGARA S. C, *Gestão de Pessoas.* Editora Atlas, 2000.

TONINI, A e OLIVEIRA,B *Coordenação Pedagógica e Formação Continuada de Professores O Programa Nacional Escola de Gestores na Universidade Federal de Ouro Preto.* Juiz de fora/ MG: Editar Editora Associada, 2015. http://coordenacaoescolagestores.mec.gov.br/uft/file.php/1/coord_ped/sala_2/mod02_1unid_2.html. Acesso em 11/07/2017.

PARTE 3

PROJETO POLÍTICO PEDAGÓGICO ENSINO E APRENDIZAGEM: CONSTRUÇÃO DO CURRÍCULO E DO PROCESSO DE AVALIAÇÃO

Neste eixo citaremos fundamentos da Pedagogia e suscitaremos o suporte e o apoio para às práticas pedagógicas focadas na construção do currículo e do processo de avaliação institucional que são dois grandes desafios no contexto escolar. Iniciamos com uma reflexão sobre os caminhos formativos do Coordenador Pedagógico e da avaliação em sala de aula.

Os caminhos formativos do Coordenador Pedagógico sobre a avaliação em sala de aula

Renata Santana de M. Cardoso

Para início de conversa: o que faz o Coordenador Pedagógico?

A função do Coordenador Pedagógico tem sido amplamente estudada e pesquisada. Pode-se considerar como atribuição o previsto legalmente e/ou de forma institucional. Todavia, há muitas ações desempenhadas no dia a dia da escola que geram dúvidas em toda equipe escolar sobre o que é de fato a atribuição do Coordenador Pedagógico. No meio profissional muitas funções são desempenhadas por ele, mas que não fazem necessariamente parte do seu rol de atribuições legais. Em decorrência disso, muitas vezes, professores, diretores, comunidade escolar e, até mesmo os próprios Coordenadores não têm clareza das ações que realizam no interior da escola e quem é o alvo principal da sua atuação.

É extremamente interessante a relação do Coordenador e o papel que ele desempenha ao ser facilitador das práticas pedagógicas e ao propiciar condições que favoreçam o aprendizado dos alunos. Tais condições são ofertadas nos momentos formativos de forma a estimular nas formações questões que levem a mudanças de práticas e de estratégias formativas, caminhando juntamente com o corpo docente, sempre com o foco nos alunos. Para tanto, essa caminhada conjunta perpassa muitos aspectos: a construção de um grupo; o acompanhamento pedagógico das ações desenvolvidas na sala de aula; imersão teórica a fim de elucidar as práticas; levantamento de dados divulgados sobre o desempenho da escola em avaliações, entre outros. Durante este percurso os saberes docentes devem ser considerados e contemplados. Tardif (2010) destaca que estes saberes são "oriundos da formação profissional e de saberes disciplinares, curriculares e experienciais". Ora, se o docente carrega esta gama de saberes, a formação proposta pelo Coordenador deve ser tão plural quanto os conhecimentos dos docentes no sentido de contemplar os percursos individuais e levar os docentes a uma reflexão dos saberes pedagógicos.

O Coordenador Pedagógico e a avaliação da aprendizagem

Discutir sobre práticas avaliativas no interior da escola é um dos grandes entraves dos processos pedagógicos. Concepções diversas estão imbricadas no momento de avaliar e o não entendimento do papel que a avaliação ocupa na escola e fora dela, enquanto fornecedora de dados para implantação de políticas públicas, pode contribuir para acirrar as desigualdades sociais, mas antes disso, este não entendimento acarreta práticas que, de acordo com Fernandes (2009), não contribuem para a aprendizagem.

Nas escolas, de forma geral, estudar como desencadeiam os processos de elaboração de provas, os registros avaliativos, os portfólios, entre outras formas de avaliar, além dos critérios que embasam tais práticas acaba se tornando um grande desafio à medida que tais discussões estão estritamente relacionadas à necessidade de mudança da prática do professor. Desta forma, entender o papel do Coordenador Pedagógico na formação com o intuito de aprimorar estas práticas no interior da escola se faz preciso.

Tendo como exemplo as atribuições do Coordenador, elencadas no Decreto nº 54.453/13 instituído pela Prefeitura do Município de São Paulo, observa-se que consta em quase todos os artigos a função de acompanhar a avaliação. Estas atribuições estão pautadas no Art. 11 nos seguintes incisos:

> I – coordenar a elaboração, implementação e avaliação do projeto político-pedagógico da unidade educacional, visando a melhoria da qualidade de ensino, em consonância com as diretrizes educacionais do município;
>
> II – elaborar o plano de trabalho da coordenação pedagógica, articulado com o plano da direção da escola, indicando metas, estratégias

> de formação, cronogramas de formação continuada e de encontros para o planejamento do acompanhamento e avaliação com os demais membros da equipe gestora;
>
> IV – assegurar a implementação e avaliação dos programas e projetos que favoreçam a inclusão dos educandos, em especial dos alunos com deficiência, transtornos globais do desenvolvimento e altas habilidades/superdotação;
>
> V – promover a análise dos resultados das avaliações internas e externas, estabelecendo conexões com a elaboração dos planos de trabalho dos docentes, da coordenação pedagógica e dos demais planos constituintes do projeto político-pedagógico;
>
> IX – participar da elaboração de critérios de avaliação e acompanhamento das atividades pedagógicas desenvolvidas na unidade educacional;
>
> X – acompanhar e avaliar o processo de avaliação, nas diferentes atividades e componentes curriculares, bem como assegurar as condições para os registros do processo pedagógico;
>
> XV – promover e assegurar a implementação dos programas e projetos da Secretaria Municipal de Educação, por meio da formação dos professores, bem como a avaliação e acompanhamento da aprendizagem dos alunos, no que concerne aos avanços, dificuldades e necessidades de adequação;
>
> XVII – participar dos diferentes momentos de avaliação dos alunos com deficiência, transtornos globais do desenvolvimento e altas habilidades/superdotação, promovendo estudos de caso em conjunto com os professores e estabelecendo critérios para o encaminhamento de alunos com dificuldades de aprendizagem;

Se atentarmos para este rol de atribuições, claramente percebe-se que a avaliação está inclusa como parte do trabalho do Coordenador. Para que as tais atribuições sejam desempenhadas, é necessário que o Coordenador Pedagógico desenvolva habilidades que envolvam: conhecer e se apropriar do Projeto Político Pedagógico da escola, conhecer as metas da sua Unidade Educacional e da Rede na qual está inserido, conhecer as metas educacionais do município e ser capaz de articulá-las com sua realidade local na construção do Projeto Político Pedagógico, saber organizar com os professores essas ações, estudar cada caso de educando com deficiência, elaborar junto aos professores instrumentos para avaliação dos alunos que sejam pautados em critérios bem estabelecidos, observar e analisar os dados coletados nos instrumentos de avaliação e construir com os professores ações a partir de suas análises, realizar capacitações que tenham como objetivo principal a aprendizagem dos alunos.

O que é a avaliação e qual lugar ela ocupa na escola?

Avaliar é uma ação que se faz presente o tempo todo na vida humana. Ações simples requerem este ato, como por exemplo, ao se fazer uma escolha para uma compra, busca-se avaliar as vantagens de se adquirir determinado produto, baseado em critérios estabelecidos pelo consumidor. Nas práticas pedagógicas não acontece diferente. Avaliar é quase um ato indissociável das intervenções realizadas no interior da escola. Como estas ações se fazem presentes é que é passível de investigação.

O estudo da avaliação é extremamente amplo. Estudar a avaliação na escola implica em conhecer os seus pressupostos, seu papel dentro de determinada realidade, principalmente se tratando da avaliação da aprendizagem.

Primeiramente é preciso compreender que existem diferentes funções que são partes do ato de avaliar. DEPRESBITERIS E TAVARES (2009) ressaltam esta afirmação ao elencar que a avaliação possui diferentes funções: diagnóstica, formativa, somativa, mediadora, autêntica, energizante, entre outras. As práticas avaliativas que ocorrem no interior da escola desvelam estas funções e juntamente com elas, suas concepções, principalmente na especificidade de cada etapa da Educação Básica.

Os documentos curriculares das redes de ensino e muitos autores defendem que a avaliação terá a função formativa. HADJI (2001; p. 19) destaca que a avaliação formativa "*deve contribuir para uma boa regulação da atividade de ensino*". Esta avaliação formativa tem o cunho também informativo, de acordo com o mesmo autor, e vem trazer informações que podem colaborar na prática docente, uma vez que traz elementos sobre os processos já conquistados pelos alunos.

GATTI (2009, p. 46) corrobora neste sentido, ao afirmar que:

> A preocupação com a aprendizagem escolar de crianças e jovens coloca-se como assunto do dia e estimula gestores em diferentes instâncias a buscar soluções para melhorar a qualidade da educação oferecida em nossas escolas. O desafio é grande, mas há possibilidades concretas de atingirmos níveis melhores para essas aprendizagens. As avaliações estimulam o debate e também podem oferecer pistas para o encaminhamento de soluções.

Garantir a melhora da aprendizagem requer um esforço constante por parte dos envolvidos nos processos educacionais, ou melhor, dos profissionais que atuam na área do ensino: gestores e professores. Cada envolvido deve se apropriar das suas atribuições previstas na legislação, articulando com uma reflexão das habilidades que deve desenvolver para atuar. O profissional também precisa ter clareza que, como firma PERRENOUD (2000, p. 28) *"a escola não constrói a partir do zero, nem o aprendiz não é uma tábula rasa, uma mente vazia; ele sabe, ao contrário, muitas coisas."* A partir destas muitas coisas que o aluno sabe, o professor constrói seu planejamento, usando as respostas do que os alunos já sabem para o encaminhamento do que Hadji (2001) denomina como avaliação formativa.

A partir dos referenciais de avaliação e do levantamento das contribuições dos autores que abordam a avaliação, é possível compreender a amplitude dos processos avaliativos, principalmente na questão da tomada de decisão por parte dos professores a partir dos dados obtidos por meio dos instrumentos de avaliação. Contudo, com aprofundamento teórico nos momentos de formação e um olhar aprofundado para as minúcias trazidas em cada instrumento utilizado professor, à luz da teoria, podem trazer elementos para auxiliar a minimizar o que Libâneo (2010) denomina como *populismo pedagógico* e contribuir para a melhoria do ensino.

Referências

GATTI, Bernadete. Políticas, ações educacionais e desempenho escolar. In. *A reconfiguração da escola: entre a negação e a afirmação de direitos.* (Org.) ARROYO, Miguel G.. Capinas, Papirus, 2009.

DEPRESBITERIS, Léa; TAVARES, Marialva R. *Diversificar é preciso: instrumentos e técnicas de Avaliação de Aprendizagem.* São Paulo: Editora Senac São Paulo, 2009.

HADJI, Charles. *Avaliação desmisfiticada.* Porto Alegre: Editora Artmed, 2001

FERNANDES, Domingos. *Avaliar para aprender – fundamentos, práticas e políticas.* São Paulo: Editora UNESP, 2009.

LIBÂNEO, José Carlos; OLIVEIRA, João Ferreira; TOSCHI, MirzaSeabra. *Educação Escolar – políticas, estrutura e organização, 2010.*

PERRENOUD, Philippe *Dez Novas Competências para Ensinar.* São Paulo: Artes Médicas, 2000.

SÃO PAULO. Decreto nº 453/13. São Paulo. Diário Oficial da Cidade de São Paulo: SME, 2013.

SAUL, Ana Maria. *Avaliação Emancipatória: desafios à teoria e à prática de avaliação e reformulação de currículo.* São Paulo, Cortez, 2001.

THURLER, Mônica Goether. *A Eficácia das Escolas Não se Mede: Ela se Constrói, Negocia-se, Pratica-se e se Vive.*

TARDIF, Maurice. *Saberes docentes e formação profissional.* Petrópolis, RJ: Vozes, 2010.

PARTE 4

GESTÃO DEMOCRÁTICA E ESCOLA INCLUSIVA: A DIVERSIDADE E AS DIFERENÇAS HUMANAS

Neste eixo, destacamos o papel de gestor democrático que é desempenhado pelo Coordenador Pedagógico, promotor de uma escola para todos. Para tanto, trouxemos para reflexão a importância dos planos individuais com foco nas especificidades de cada criança/adolescente com dificuldades de aprendizagens e no atendimento especializado inclusivo. Falaremos sobre as contribuições psicopedagógicas para a realização de intervenções na escola nos problemas de aprendizagem e traremos as adequações curriculares como ferramentas primordiais para subsidiar as orientações no trabalho do professor que está atuando nos ambientes de aprendizagem. O conhecimento adquirido pelo Coordenador Pedagógico fará toda diferença para que todos sem exceção possam, respeitadas suas limitações, de alguma forma ter acesso ao currículo.

Contribuições psicopedagógicas para intervenções na escola: para Coordenadores Pedagógicos e professores coordenadores

PROBLEMAS DE APRENDIZAGEM

Clélia Marília Heusser Azeredo

Encontramos nas escolas muitas crianças que apresentam dificuldades de aprender e apreender conhecimento. Todo professor consegue perceber como seu aluno desempenha suas atividades. As diferenças são facilmente identificadas. Muitas vezes o professor percebe e observa que existem alguns alunos que não conseguem acompanhar e desempenhar bem suas atividades, por diferentes motivos. Existem alunos que não param na carteira, andam pela sala, são impacientes, desorganizados, sua lição é irregular, mal feita e sua letra não dá para entender, são agitados, inseguros... Parece que tudo isso acontece porque este aprendiz (criança) é desajeitado, acelerado, não presta atenção na aula é desobediente, conversa o tempo todo não para quieto e outros são tímidos, quietos, ficam no mundo da lua e não prestam atenção no que está acontecendo ao seu redor. São crianças e jovens que não conseguem manter a atenção naquilo que estão fazendo, não têm foco. Estão sempre pensando em outra coisa ou num monte de coisas diferentes, menos no que estão fazendo. Todos esses comportamentos podem estar inseridos em conceitos como: transtorno de aprendizagem - (dificuldades) e distúrbio de aprendizagem - (transtornos).

O que geralmente acontece, é que estes dois conceitos não são bem compreendidos, ficam inseridos em uma coisa só. Para que isto não aconteça é preciso ser feita uma separação do significado de cada um deles. Quando as pessoas conseguem compreender a diferença é mais fácil identificá-los.

Distúrbio de aprendizagem

...é um termo genérico que se refere a um grupo heterogêneo de alterações manifestas por dificuldades significativas na aquisição e uso da audição, fala, leitura, escrita, raciocínio ou habilidades matemáticas. Estas alterações são intrínsecas ao indivíduo e presumivelmente devidas à disfunção do sistema nervoso central. Apesar de um distúrbio de aprendizagem poder ocorrer concomitantemente com outras condições desfavoráveis (por exemplo, alteração sensorial, retardo mental, distúrbio social ou emocional) ou influências ambientais (por exemplo, diferenças culturais, instrução insuficiente/inadequada, fatores psicogênicos), não é resultado direto dessas condições ou influências. (Collares e Moysés, 1992, 32)

O termo "transtorno"

> ...é usado por toda a classificação, de forma a evitar problemas ainda maiores inerentes ao uso de termos tais como "doença" ou "enfermidade". "Transtorno" não é um termo exato, porém é usado para indicar a existência de um conjunto de sintomas ou comportamentos clinicamente reconhecível associado, na maioria dos casos, a sofrimento e interferência com funções pessoais (CID - 10, 1992: 5)

Existem divergências de opiniões entre transtornos e distúrbios, existem profissionais que denominam transtornos como decorrentes de distúrbios causas intrínsecas, e outros dizem que transtornos podem ser caracterizados como dificuldades. O transtorno (caracterizado como desordem / confusão) está associado a alguma dificuldade (causa Extrínseca) enquanto distúrbio tem uma relação direta com causa Intrínseca (deficiência biofísica).

Muitas pessoas e profissionais colocam como transtorno, alguns distúrbios tais como: (transtornos de linguagem/dislexia, transtorno de matemática/discalculia, transtorno de leitura e escrita, transtorno de aprendizagem sem outra especificação). Esse é o primeiro passo para identificarmos alterações de comportamentos. O que normalmente observamos e percebemos é que muitos professores ficam em dúvida para identificar que tipo de dificuldade/transtorno ou distúrbio seu aluno apresenta.

Quando solicitar a opinião de outro profissional

A primeira coisa a se fazer é identificar como seu aluno se comporta se está fora das normas sociais e educacionais ou se realmente apresenta algum distúrbio. Nunca devemos rotular um aprendiz (criança), porque quando isso acontece, este aluno leva para o resto da sua vida este rótulo e mesmo que mude de comportamento, ele sempre vai ser aquilo a qual foi rotulado. É preciso prestar muita atenção no que você pensa e diz. Todo cuidado é muito importante. Quando você, profissional da Educação, perceber que o desempenho do aluno está prejudicando seu aproveitamento escolar, seu comportamento social, é preciso conversar com os responsáveis e solicitar uma avaliação Médico-Neuro, Psicológica ou Psicopedagógica.

O que devemos observar?

- Dificuldade na alfabetização;
- Dificuldades na leitura e escrita;
- Dificuldade de soletrar;
- Dificuldade de atenção e memorização;
- Não gostar de ler histórias, porque não tem ritmo e pontuação;
- Falta de organização geral na folha por não possuir organização espacial;
- Falta de compreensão e entendimento;
- Desinteresse escolar;
- Dificuldade emocional pessoal e social;
- Agressividade nos relacionamentos.

Esses são alguns dos fatores que precisam ser observados com critérios pelo professor, para poder avaliar o desempenho do aprendiz e buscar ajuda de outro profissional.

Como agir neste caso?

O primeiro passo é solicitar uma conversa com os responsáveis. Quando estiver com eles, nunca afirma-lo o que você acha e jamais rotular o aluno, nunca diga você acha que ele tem determinado transtorno ou distúrbio, mas explicar para os responsáveis que a criança não está produzindo o que poderia, que precisaria de mais informações a respeito das atitudes do aprendiz para poder ajudá-lo. Poderá dizer que tipo de comportamento ele apresenta em sala de aula, ou seja se é distraído, desorganizado, agitado, tímido, se não presta atenção no que está sendo explicado, assim por diante e que este tipo de comportamento interfere na sua produção. Você deve mostrar para a família, como você está percebendo ele em sala de aula.

As diferenças

Distúrbios/transtornos (Tem características específicas decorrentes de causas intrínsecas de comportamento). A criança que apresenta algum distúrbio - como os casos de Autista ou Asperge (Autista leve). O Asperge é uma criança que tem causas intrínsecas leves; são crianças muito inteligentes, com o comportamento social de relacionamento mais complicado, apresentam dificuldade de sociabilização. Crianças que apresentam distúrbios de conduta (personalidade) têm características específicas intrínsecas de comportamento, crianças que apresentam comportamento mais agressivo e desafiador, não seguem regras, não aceitam regras, querem fazer o que acha correto, mesmo percebendo que está errado, eles têm noção mas, o impulso é ser opositor, eles têm frequentes acessos de raiva, discussões com adultos, deliberada tentativa de perturbar ou irritar as pessoas.

Já as dificuldades de comportamento e transtornos são decorrentes de causas extrínsecas de comportamento. São problemas ocasionados por fatores externos, emocionais pessoais, sociais e familiares. São dificuldades ou transtornos biopsicossociais. Problemas familiares e sociais podem interferir de forma significativa no desempenho do aluno, desencadeando dificuldades de aprendizagem. Estes problemas podem estar relacionados com sua auto imagem, o aprendiz não acredita no seu potencial, não acredita que pode e sabe realizar a atividade, é muito inseguro, isto gera uma auto estima negativa.

Muitas vezes as mudanças constantes de escola, cidade, podem causar dificuldade de adaptação e aprendizagem. Essas constantes mudanças podem ocasionar dificuldades de adaptação da metodologia escolar, como também podemos dizer que estas mudanças podem ocasionar dificuldade de adaptação do aprendiz com a escola, com o professor, com o ambiente social, são interferências que vão desorganizar o emocional do aprendiz, deixá-lo mais instável e inseguro. O aprendiz deve ser avaliado com cuidado, com respeito e profissionalismo.

Perguntas e respostas

Todas as perguntas possuem respostas diferentes, mesmo que os problemas sejam iguais. Cada caso é um caso. Todas as respostas dependem da situação e do momento em que acontecem. Existem muitas variáveis interferindo na expressão de um comportamento.

Psicólogos e Psicopedagogos, recebem várias crianças com queixas de dificuldade de aprendizagem. Quando estava ministrando uma palestra, uma mãe chegou até mim com a queixa que seu filho está com problemas de ausências, dizendo que ele era muito distraído e tinha dificuldade de memorização. Disse: "ele vive no mundo da Lua, a professora tem sempre que lhe chamar atenção" (sic). Perguntou se isso era normal ou não, o que eu achava que estava acontecendo e como ela poderia fazer para ajudar?

Resposta

Comentei que primeiro ela precisaria observar o que estava acontecendo de diferente, se existia alguma coisa que estava interferindo diretamente no comportamento do filho, em casa ou na escola, provocando ansiedade, angustia, medos, inseguranças.

Como estava o relacionamento dele com as pessoas, como eram as atitudes dele, se era tímido, inseguro, medroso ou distraído. Deveria ir à escola, conversar com os responsáveis, para saber e averiguar se apresentava o mesmo tipo de comportamento como o que tinha em casa.

Dependendo das respostas encontradas, deveria procurar um profissional que pudesse lhe ajudar. Primeiro um "especialista neuropediatra" para que ele pudesse fazer uma avaliação adequada e averiguar o que estava acontecendo mediantes exames específicos, como um eletroencefalograma, que iria detectar interferências e alterações biofisiológicas. Só depois mediante o resultado ela poderia procurar outros profissionais que pudessem também lhe ajudar, como um Psicólogo ou Psicopedagogo, dependendo do resultado, os dois.

O TDAH (transtorno ou déficit de atenção com hiperatividade) ou TDA (transtorno ou déficit de atenção) são distúrbios que interferem consideravelmente no processo de aprendizagem. Mas, são distúrbios que só podem ser detectados e confirmados por profissionais específicos e especialistas no assunto, através de exames.

Normalmente os casos encaminhados por profissionais ligados a Educação estão relacionados com problemas /dificuldades de aprendizagem. Mas, não raramente, existem indicações de aprendizes com Distúrbios específicos de personalidade, com comportamentos diferentes dos considerados normais.

Eu sei que hoje em dia os problemas que se apresentam nas escolas estão cada vez mais difíceis, entendo que é o resultado de uma sociedade desorganizada, sem regras e limites, onde as coisas acontecem de forma extrema e impulsiva. Por isso sou a favor de um trabalho conjunto e preventivo entre Clinica, Escola e Família. Precisamos de atitudes mais conscientes e incisivas.

Referências

AZEREDO, Clélia Marília Heusser *Manual psicopedagogico de Sandplay - caixa de areia.* São Paulo: Edicon, 2015.

AZEREDO, Clélia Marília Heusser *Refletindo educaçao com o coração. S*ão Paulo: Edicon, 2015.

Capítulo 13

Coordenação Pedagógica
como ponte para o acesso curricular

Vera Lúcia de Oliveira

A Educação Inclusiva na escola faz parte de um movimento da sociedade mundial pela inclusão social, tendo como objetivo a garantia das oportunidades a todos, visando a equidade e olhando para os que de alguma forma, foram excluídos das práticas sociais. A ideia central da inclusão social é a universalização dos direitos humanos para a construção da sociedade democrática. Tal processo se ampara nos direitos humanos para que todos possam exercer sua cidadania.

Neste sentido, pensar na adequação curricular como frma de garantir o acesso a educação é parte fundamental da função da escola e, se tratando da elaboração do Projeto Político Pedagógico e do currículo, pressupõe-se a formação continuada e os processos de construção coletiva para diagnosticar e planejar com base nas demandas da escola e atendê-las de forma efetiva e com qualidade.

O Coordenador Pedagógico nesse cenário, precisa juntamente com o corpo docente, pensar em como todos os educandos poderão acessar o currículo da escola pela participação de cada um nas ações e projetos coletivos e individuais. A adequação curricular entra como um instrumento de acesso ao currículo capaz de auxiliar os professores nas práticas pedagógicas para atender as diversas necessidades que estão presentes e as especificidades de cada estudante no cotidiano escolar. A acessibilidade pode ocorrer de forma física, espacial, arquitetônica, ou pelos recursos materiais; das tecnologias assistivas, dos mobiliários, da maneira organizativa do espaço e do conhecimento, seja atitudinal, comunicativa, entre outras.

Conforme Aranha (2000), as adaptações curriculares são, "respostas educativas que devem ser dadas pelo sistema educacional, de forma a favorecer a todos os alunos e, dentre estes, os que apresentam necessidades educacionais especiais". Podem ser entendidas como estratégias que a escola utiliza para efetivar a inclusão escolar do aluno com deficiência e segundo MEC/SEESP (2000), podem ser entendidas como: "adaptações curriculares de grande porte e adaptações curriculares de pequeno porte".

Quando pensamos a escola na perspectiva inclusiva, devemos pensar na acessibilidade ao currículo por todos os educandos, independente das suas limitações. No contexto escolar a adequação curricular é uma construção docente em sua prática pedagógica com apoio dos outros profissionais da escola e dos próprios alunos. A organização dos conhecimentos para que o educando possa acessar o currículo e, neste sentido, deve-se considerar o que ele consegue realizar sozinho, suas potencialidades e não focar em suas limitações. As adaptações curriculares se constituem na forma mais adequada de atender as necessidades educativas de cada aluno e implicam na flexibilização do currículo.

Assim as adequações curriculares, ou seja, os recursos organizativos, didático pedagógicos, ou ainda, as modificações necessárias podem ocorrer nos objetivos, conteúdos, metodologias, procedimentos, nas atividades ou nas avaliações para atender as diferenças individuais de cada educando e tem o objetivo de ajustar o planejamento às suas condições para que tenha êxito no processo de ensino aprendizagem.

Em relação às adequações de grande porte, Gonzale Manjón (1995, p. 87) expõe que: "As significativas são aquelas que se referem a ajuste de objetivos, conteúdos, avaliação e temporalidade". Em relação às de pequeno porte o autor diz que: "As não significativas referem-se aquelas que ocorrem na prática pedagógica cotidianamente".

A ideia é que haja registros das adequações, inclusive o MEC (2006) sugere que se faça uso de Ficha de Registro de Adequação Curricular. Para a realização da Adequação Curricular faz se necessário um diagnóstico para precisar que tipo de adequação será necessária para determinado estudante. Primeiro é preciso saber o que esse aluno não consegue fazer;

(Identificar as limitações). Essa resposta deixará clara a modificação que será necessária ser realizada no objetivo. Assim precisamos indagar quais conteúdos são necessários para que o aluno alcance esse objetivo. Identificar o ponto de partida, ou seja, a avaliação diagnóstica inicial; qual a sequência das aprendizagens, o que poderá ser mais estratégico para ajudar o aluno, por exemplo, sequência didática com imagens. Dessa forma, definir a sequência, a ordem que irá apresentar os conteúdos ao aluno e o tempo para cada atividade. Diante das questões anteriores precisamos pensar em, como vamos ensinar tudo isto. Qual metodologia que irá utilizar e para finalizar, que tipo de ajuda será eficaz para que o aluno alcance o objetivo previsto. O processo de aavaliação deverá ocorrer sempre de forma processual e continua, estando atento a todos os sinais e elementos que irão permear a aprendizagem.

Considerando que cada ser tem sua própria história, logo, um é diferente do outro e tem suas características individuais, sociais, culturais, singulares de pensar e agir. Para realizar determinada Adequação Curricular o professor deverá seguir os seguintes critérios:

- Partir do diagnóstico do aluno – identificação das suas potencialidades e dificuldades nas diversas áreas do currículo.
- Depois, selecionar quais serão as adaptações necessárias para atender as especifidades identificadas e buscar estratégias para executá-las, pô-las em prática, e a partir dessas ações, levar o enriquecimento das experiências para toda a turma.
- Garantir a continuidade das Adequações Curriculares, verificando sempre se os objetivos propostos foram alcançados. Relembrando, quando as adequações que implicam em mudanças de objetivos e/ou conteúdos são consideradas de grande porte, enquanto as que envolvem situações cotidianas, as quais podemos ajustar com a metodologia, são consideradas de pequeno porte.

Nos Parâmetros Curriculares Nacionais (1999) e na Resolução SE nº 11/08, alterada pela Resolução SE 31 nº 31/08, são sugeridos níveis de adequações curriculares, como segue:

> No âmbito do Projeto Político Pedagógico – focalizar, principalmente, a organização escolar e os serviços de apoio. No currículo desenvolvido na sala de aula – Focalizar a organização e os procedimentos didáticos pedagógicos e destacar o como fazer, a organização temporal dos componentes e dos conteúdos curriculares de modo que favorece a efetiva participação, integração e aprendizagem do aluno. No nível individual – Focalizam a atuação do professor da sala de aula e do AEE (quando for o caso), na avaliação e o atendimento do aluno, que farão a definição do nível de competência curricular do educando e a identificação dos fatores que interferem no processo de ensino. (RESOLUÇÃO SE, 2008 – GRIFO MEU).

As adequações curriculares devem ser entendidas como um processo em que o professor envolve o aluno de forma exclusivamente individual e se realizam em três níveis, segundo SEESP/MEC, Saberes e práticas da inclusão (2006):

> No currículo desenvolvido; na sala de aula; No nível individual. Adequações no Nível do Projeto Pedagógico (Currículo Escolar), as adequações nesse nível referem-se a medidas de ajuste do currículo em geral, que nem sempre precisam resultar em adequações individualizadas. Essas ações visam flexibilizar o currículo, para que ele possa ser desenvolvido na sala de aula e atender às necessidades especiais de alguns alunos. As adequações curriculares no nível do projeto pedagógico devem focalizar, principalmente, a organização escolar e os serviços de apoio. Elas devem propiciar condições estruturais para que possam ocorrer no nível da sala de aula e no nível individual, caso seja necessária uma programação específica para o aluno[...] Além da classificação, por níveis, as medidas podem se distinguir em duas categorias: adequações de acesso ao currículo e nos elementos curriculares. (SEESP/MEC, 2006).

No Inciso III, do artigo 8º, da Resolução CNE/CBE nº 2 de 2001, define que:

> As escolas da rede regular de ensino devem prever e prover na organização de suas classes comuns: [...] flexibilização e adequações curriculares que considerem o significado prático e instrumental dos conteúdos básicos, metodologias e ensino e recursos didáticos diferenciados e processos de avaliação adequados ao desenvolvimento

> dos alunos que apresentam necessidades educacionais especiais, em consonância com o projeto pedagógico da escola, respeitada a frequência obrigatória. (Resolução CNE/CBE – nº 02/01)

Pensar em adequações curriculares é construir novos conceitos, novas metodologias tanto no âmbito da gestão como na relação pedagógica, mobilizando todos em prol das mudanças para que tenhamos uma sociedade bem sucedida e possamos investir na convivência humana, de modo a garantir o respeito à diversidade. "Não há educação fora das sociedades humanas e não há homem no vazio" (Freire, 1999, p. 43). Para tanto, a escola deve construir um olhar crítico para a formação individual do ser humano, promover seu acesso ao conhecimento e para o desenvolvimento de suas competências e habilidades, tendo em vista o exercício da cidadania.

Para Vygotsky (2001), "o ser humano só se desenvolve porque aprende através das relações que trava com outros seres humanos e o meio que o cerca". Segundo este ponto de vista, o homem é um ser social e histórico, que aprende e desenvolve de modo interativo com seu grupo.

Historicamente a escola vem tratando o aluno com Necessidades Educacionais Especiais, em especial, o aluno com deficiência numa relação "a parte" do contexto escolar. A partir da ampliação da discussão com base nos princípios da integração no contexto das deficiências, a pessoa deficiente passou a ser inserida na escola, porém o olhar para eles não mudou e o foco ainda está em sua deficiência, no que ele não consegue ou não sabe fazer e não no ser humano em questão e no que ele pode fazer. Os fatores orgânicos são marcados de forma tão incisiva que são ignoradas as possibilidades de desenvolvimento cognitivo que possam ter no processo de aprendizagem. Tampouco, houve alteração das metodologias capazes de promover a inserção desses, nas aprendizagens.

Assim, vamos enucidar de forma sucinta três questionamentos básicos para a construção da Educação Inclusiva: 1)Quem pertence ao público com necessidades educativas no contexto escolar? Os alunos com dificuldades de aprendizagem, com condutas peculiares, com deficiência e com superdotação. 2) Quais os aspectos positivos no trabalho com as adequações curriculares? A socialização e a solidariedade entre os educandos; a integração da turma na realização das tarefas; o aluno com Necessidades Educacionais aprende a conviver em grupo e passa a ser mais respeitado; o empenho dos professores com competência didática; a valorização de todos os profissionais envolvidos no processo; a inclusão dos educandos com necessidades educativas das mais diversas dificuldades apresentadas por eles. 3) Que aspectos negativos podem ocorrer no trabalho com as adequações curriculares? A carência de recursos e suporte especializados; o espaço físico inadequado; a falta de preparo dos docentes para ensinar na diversidade; a agressividade do aluno com necessidades especiais; o número alto de educandos em sala de aula; a dificuldade de comunicação com o aluno devido a determinadas deficiências ou síndromes e a falta de participação das famílias no processo de ensino aprendizagem.

Uma escola que trabalha em uma perspectiva inclusiva garante um ensino significativo onde o aluno é o sujeito de direito, o foco central da ação educativa que tem acesso ao conjunto de conhecimento sistematizado e adequado para atender suas necessidades especiais, respeitando suas potencialidades e limitações, independentemente de etnia, sexo, idade, deficiência, condição social ou qualquer outra situação, conforme previsto na Carta para o Terceiro Milênio aprovada em 1999 e na Convenção de Guatemala promulgada em 2001. Formar na perspectiva da Educação Inclusiva requer novos aportes teóricos, muito debate e reflexão sobre a ideia de justiça e solidariedade. O professor nesse contexto deve ser sujeito do processo pedagógico e não mero executor de uma política pública e, toda a comunidade escolar deve estar envolvida nesse processo de mudança. As Adequações Curriculares nesse contexto são possibilidades a trilhar um novo caminho para a melhoria no atendimento para que a educação cumpra o seu papel de incluir a todos, independente das diferenças apresentadas.

Roteiro para a construção das adaptações curriculares nos elementos básicos do planejamento escolar

O que ensinar? Objetivos e conteúdos; Como ensinar? Metodologias e atividades; O que organizar? Espaços, tempos e agrupamentos; Quem fará o quê? Definir ações; distribuir tarefas e responsabilidades no âmbito das competências; criar cronogramas para a organização, distribuição das tarefas e espaços; Verificar o processo e definir instrumentos de avaliação.

Como fazer as adequações

Adequações não significativas no currículo

Adequações Curriculares não significativas podem ser realizadas nos elementos básicos de acordo com a situação de aprendizagem. Na avaliação: Adequar modificando as técnicas e os instrumentos que serão utilizados. Nos procedimentos didáticos e atividades: Adequar e modificar os procedimentos; alternar as atividades e introduzir novas atividades para complementar; aumentar o nível de complexidade das atividades; eliminar elementos e trazer novos; utilizar sequências didáticas como forma de ensinar por níveis de dificuldade e/ou complexidade; ter clareza e objetividade nos planos de ação; adequar ou modificar materiais e recursos. Na questão temporal: Adequar ou modificar o tempo das atividades para determinadas situações de aprendizagem.

Adequações significativas no currículo

Adequações Curriculares significativas podem ser as únicas alternativas possíveis de acesso ao currículo, são de caráter prolongado e permanente para acompanhar o currículo regular. Devem-se introduzir competências, objetivos e conteúdos de forma especifica complementar ou alternativa. Relativo a metodologia: Introduzir métodos e procedimentos complementares ou alternativos no processo ensino aprendizagem. Relativo a organização: Organização de espaços infraestrutura; Mobiliário; Recursos didáticos; Material de apoio paradidático. Relativo aos elementos humanos: Adequar às relações professor-aluno, aluno-aluno, professor-equipe de apoio escolar. Adequações dos elementos curriculares: Adequação da proposta pedagógica e dos planos de ensino para o atendimento inclusivo: Objetivos, conteúdos, metodologia, avaliação e atividades.

As adequações curriculares implicam no planejamento pedagógico das ações docentes com olhar para as necessidades educacionais especiais dos educandos, bem como, em como facilitar o acesso ao currículo. Para tanto, deve-se pensar sobre: o que o aluno deve aprender; como e quando aprender; quais formas organizativas do ensino são mais eficientes para o processo de aprendizagem; quais os momentos avaliar e com que instrumentos.

Uma questão relevante na organização das Adequações Curriculares trata-se do agrupamento entre os alunos para a realização das atividades. Em determinadas organizações grupais ao invés de aumentar as oportunidades de aprendizagem, temos sim, o aumento de conflitos, pelas características especificas dos seus participantes. São muitas as possibilidades na organização do ambiente de aprendizagem e precisamos fazer bom uso dessas variáveis. Algumas alternativas que ajudam são: escolher objetivos e conteúdos de interesse do aluno e bem diversificado; fazer uso de materiais diversos; perceber a melhor disposição dos mobiliários para evitar poluição visual ou elementos que irão prejudicar o desenvolvimento das atividades (Ex. colocar ao lado da porta um educando que tem audição apurada e que se incomoda com barulho, ou fazer uso de ventiladores na potência máxima, ou seja, no nível maior de barulho do aparelho; colocá-lo no meio da sala proporcionando a entrada de barulho pelos dois ouvidos, etc.); ter marcações precisas para mudança de atividades e expor de forma clara a mudança; fazer uso de rotinas, cronogramas, calendários, marcadores de tempo e divisor de atividades; atentar-se a habilidade que se quer desenvolver e o objetivo de aprendizagem definido para tal atividade (ex. habilidade de cálculos – objetivos: atenção, concentração, participação, adaptação, etc.); utilizar sequências didáticas, passo a passo, atividades graduais aproximando-se do objetivo esperado; fazer utilização de apoio para que o aluno alcance tal objetivo (ex. caderno de apoio, livretos, livros, tabelas, desenhos, etc.); enfatizar os sucessos e não os fracassos; ajustar os elementos didáticos pedagógicos sempre que preciso para incluir o educando.

Lembramos que as adequações curriculares devem focar as capacidades e as potencialidades. Um ser humano não pode ser visto como um obstáculo à vida normal. Todo ser humano necessita que sejamos capazes de buscar alternativas para garantir a inserção de todos na vida social ativa. Segundo Omote, (2008): "Tudo isso dependerá de novas conquistas do homem, na sua busca incessante de novos conhecimentos de novas tecnologias". Assim, precisamos utilizar estratégias que respeitam à diversidade e contribuem para a construção de contextos sociais inclusivos e promover um cenário ético dos direitos humanos, garante o acesso à participação de todos a todas as oportunidades.

Referências

ARANHA, M. S. F. (2000). *Projeto Escola Viva - garantindo o acesso e permanência de todos os alunos na escola*: adaptações curriculares de pequeno porte. Brasília, MEC/SEE.

_______. (2001). Paradigmas da relação da sociedade com as pessoas com deficiência. *Revista do Ministério Público do Trabalho*, Ano XI, n. 21, pp. 160-173.

BRASIL. (2001a). Ministério da Educação. *Diretrizes para a educação especial na educação básica.* Brasília, Secretaria de Educação Especial, MEC/SEESP.

_______. (2001b). Ministério da Educação. Parecer CNE/CP 9/2001. *Diretrizes Curriculares Nacionais para a Formação de Professores da Educação Básica, em nível superior, curso de licenciatura, de graduação plena.* Em http://portal.mec.gov.br/cne/arquivos/pdf/009.pdf.

_______. RESOLUÇÃO CNE/CEB Nº 2, DE 11 DE SETEMBRO DE 2001.

_______. MEC. *Parâmetros Curriculares Nacionais: Adaptações Curriculares*, 1999.

_______. Resolução SE nº 11/2008, alterada pela Resolução SE 31 nº 31/2008.

_______. (1988). *Constituição da República Federativa do Brasil.* 9ª ed.

_______. (1997). *Lei de Diretrizes e Bases da Educação Nacional:* nova LDB (Lei n. 9.394).

_______. (1994). *Ministério da Educação. Portaria nº 1.793, de dezembro de 1994. Recomenda a inclusão da disciplina ou inclusão de conteúdos sobre aspectos ético-político-educacionais da normalização e integração da pessoa portadora de necessidades especiais em cursos de graduação*, Brasília, DF.

_______. Saberes e práticas da inclusão: desenvolvendo competências para o atendimento às necessidades educacionais especiais de alunos com altas habilidades/superdotação. [2. ed.] / coordenação geral SEESP/MEC. - Brasília: MEC, Secretaria de Educação Especial, 2006. 143p. (Série: Saberes e práticas da inclusão). http://portal.mec.gov.br/seesp/arquivos/pdf/altashabilidades.pdf. Acesso em 17/02/2018.

CORREIA, L. M. (1999). *Alunos com necessidades educativas especiais nas classes regulares*. Porto, Porto Editora.

CROCHÍK, J. L.; Freller, C. C.; Dias, M. A.; Feffermann, M.; Nascimento, R. B.; Casco, R. (2009). Atitudes de Professores em relação à Educação Inclusiva. *Psicologia Ciência e Profissão*, vol. 29, n. 1, pp. 40-59.

FREIRE, P. . *Educação como prática da liberdade*. 23ª ed. São Paulo: Paz e Terra, 1999.

FREIRE, GÓES, M. C. R. de. (2004). "Desafios da inclusão de alunos especiais: a escolarização do aprendiz e sua constituição como pessoa". In: Laplane, A. L. F.; Góes, M. C. R de (orgs). *Políticas e Práticas de Educação Inclusiva*. Campinas, Autores Associados, pp. 69-92.

GRÃ-BRETANHA. Carta para o Terceiro Milênio, de 9 de setembro de 1999. Assembleia Governativa da REHABILITATION INTERNATIONAL, estando Arthur O'Reilly na Presidência e David Henderson na Secretaria Geral. Traduzido por Romeu Kazumi Sassaki. Londres. Disponível em: <http://portalsme.prefeitura.sp. gov.br/ Projetos/BibliPed/Anonimo/ LegislacaoFederal>.Acesso em: 05 fev 2018.

MANJÓN, D. G., Gil, J. R. & Garrido, A. A. (1993). Adaptações curriculares. In R. Bautista (Org.), Necessidades Educativas Especiais (pp. 53-82). Lisboa: Dinalivro.1995.

OLIVEIRA, A. A. S. (2004). "Formas de organização escolar: desafios na construção de uma escola inclusiva". In: Omote, S. *Inclusão: intenção e realidade*. Marília, Fundepe publicações, pp. 77-112.

_______; Leite, L. P. (2006). "Criando ambientes educacionais acolhedores" (reeditado). In: *Coletânea de textos.* Ed. Bauru, FC/Cecemca, pp. 83-102.

_______; Leite, L. P. (2000). "Escola Inclusiva e as necessidades educacionais especiais". In: Manzini, E.J. *Educação Especial:* temas atuais. Marília, Unesp/Marília-Publicações, pp. 11-20

OLIVEIRA, V.L. Um manifesto por uma educação de qualidade. In: OLIVEIRA, V.L. e TENDEIRO, G.R. *Mosaico educacional 2 - mais educação: sobre o programa mais educação da EMEF do CEU Três Pontes.* 1 ed. São Paulo: EDICON, 2015. Cap. I.

____________. Reinventando a escola numa perspectiva da educação inclusiva. In: OLIVEIRA, V.L. e TENDEIRO, G.R. *Mosaico Educacional: Reinventando a Escola Numa Perspectiva da Educação Inclusiva - Sobre a Formação Especial Integral de Formação.* São Paulo: Print Express, 2013. Cap. I.

_______; OMOTE, S.; GIROTO, C. R. M. (org.). *Inclusão escolar: as contribuições da Educação Especial*. Marília: Fundepe Editora, 2008.

VYGOTSKY, L.S. Pensamento e linguagem 2ª ed. São Paulo: Martins Fontes, 2001.

_________. *A formação Social da Mente*. São Paulo: Martins Fontes, 1998.

PARTE 5

PARA FINALIZAR... O INICIO DE TUDO

Sugerimos neste capítulo final a construção de uma proposta de trabalho para o Coordenador Pedagógico. A construção do plano de trabalho de maneira estruturante e norteadora da atuação do profissional contendo no seu corpo o que se propõe desde o início do livro. Trazer as várias facetas do Coordenador Pedagógico, traçando os caminhos a serem seguidos, como articulador e formador levando para a equipe as teorias para fundamentar as práticas escolares e provocar a práxis reflexiva e como transformador diagnosticando o que temos e o que almejamos em termos de educação nacional e local.

Capítulo 14

Sugestão para a construção do plano de trabalho do Coordenador Pedagógico:
estruturante e norteador da atuação profissional

Vera Lúcia de Oliveira

ANTE O COMPROMISSO

Antes do compromisso, há hesitação, a oportunidade de recuar, a ineficácia permanente. Em todo ato de iniciativa (e de criação), há uma verdade elementar cujo desconhecimento destrói muitas ideias e planos esplêndidos: no momento em que nos comprometemos de fato, a Providência também age.
Ocorre toda espécie de coisas para nos ajudar, coisas que de outro modo nunca ocorreriam.
Toda uma cadeia de eventos emana da decisão, fazendo vir em nosso favor todo tipo de encontros, de incidentes e de apoio material imprevistos, que ninguém poderia sonhar que surgiria em seu caminho.
Começa tudo o que possas fazer, ou que sonhas poder fazer.
A ousadia traz em si o gênio, o poder e a magia.

J. W. Goethe

Para a construção do plano de trabalho do Coordenador Pedagógico sugerimos o modelo abaixo. São apontados itens que se propõem a estruturar as atividades e proporcionam uma visão ampla do campo de atuação, podendo antecipar-se às situações, mesmos as imprevistas, pois, o plano organiza suas ações e tempos na escola. Os tempos e espaços do Coordenador Pedagógico são conquistas construídas diariamente pelo diálogo durante as ações e pelas estratégias utilizadas para o enfrentamento dos conflitos que permeiam o fazer pedagógico. O planejado é o que nos dá sustentação para as práticas pedagógicas. Dispõe de mais energia para organizar a escola, porque se trata de tudo que foi previsto para ser realizado, portanto deverá ser cumprido. Aquilo que não conseguimos cumprir por completo, fazemos as readequações para que se concretize futuramente. Partimos do diagnóstico da comunidade escolar. O plano de trabalho nos dá parâmetros para a tomada de decisão frente aos desafios que vão aparecendo no cotidiano escolar, trata-se de um norteador, um documento de suma importância por trazer em si, as ideias que temos desde o princípio e também a finalidade das nossas ações.

Sugestão de plano de trabalho:

IDENTIFICAÇÃO: Nome/modalidade de atendimento (especificar etapa de ensino/grupo de atendimento)

Introdução

Escrever um pequeno parágrafo especificando sua atuação profissional na instituição pública ou privada. Que sistema metodológico a escola adotou. Citar legislação vigente do sistema de ensino ou escola, os documentos específicos da escola como o Projeto Político Pedagógico que norteia a atuação profissional. Considerar o cumprimento dos seus deveres, o elo de ligação entre os docentes, como se dá a prática pedagógica, o seu papel no cumprimento das determinações legislativas, porém com um olhar sensível aos grandes desafios da U.E. Na sequência, citar as atribuições para ilustrar o fazer do Coordenador Pedagógico. (Cada sistema tem na sua legislação e nos documentos específicos da escola as atribuições condizentes com àquela escola e/ou sistema de ensino, atente-se para isso).

Breve explanação para entender melhor as atribuições do Coordenador Pedagógico

Ao longo do tempo, a sociedade sofreu muitas mudanças que refletem diretamente no espaço escolar, porém a escola não acompanha estas mudanças, apesar de ser a responsável pela educação formal dos indivíduos. Neste contexto, vem se definindo as funções do Coordenador Pedagógico na tentativa de aproximar estas discrepâncias para atender as reais necessidades educacionais e melhorar a qualidade na formação dos estudantes.

O Coordenador Pedagógico, muitas vezes é visto como um faz tudo. Esperam dele soluções rápidas para diversos problemas que surgem como o projeto que ele irá promover para resolver o problema da escola; a mediação dos conflitos cotidianos nos atendimentos as famílias dos educandos; a solução para o problema da aula vaga, além de ser visto como "o conhecedor" das questões pedagógicas de todas as modalidades, acima do professor. Leigo engano! Para Paulo Freire, "Ninguém nasce feito. Vamos fazendo-nos aos poucos, na prática social de que tomamos parte" (FREIRE, 1995, p. 79). O C.P. possui suas funções especificas e não pode se deixar confundir pelo pensamento do outro, que acaba por fazer uma grande confusão sobre suas ações na unidade escolar, levando-o ao desvio das suas verdadeiras atribuições.

A sociedade em que vivemos é complexa e assim também são os problemas vividos no ambiente de aprendizagem, são labirintos diversificados e exigem uma atuação democrática que privilegie a presença de vários atores educacionais, dentre eles, o Coordenador Pedagógico. A sua atuação não é tão simples como a definição etimológica da palavra Coordenar. Veja, segundo o dicionário Aurélio, coordenar significa: "1. Reunir ou dispor com coordenação. 2. Arranjar, organizar". No dicionário Priberam (2008): "Conjugar no verbo transitivo: 1. Reunir ou dispor segundo uma certa ordem, de modo a formar um conjunto organizado ou a atingir um fim determinado. 2. Arranjar, organizar". O significado no dicionário Larousse Cultural (1999), não difere o sentido, "dispor em certa ordem, segundo determinado sistema, organizar, arranjar".

Para Placco (2008, p. 47):

> O cotidiano do coordenador pedagógico é marcado por experiências e eventos que o levam com frequência, a uma atuação desordenada, ansiosa, imediatista e reacional, às vezes até frenética... Nesse contexto, suas intencionalidades e seus propósitos são frustrados e suas circunstancias o fazem responder à situação do momento, "apagando incêndios" em vez de construir e reconstruir esse cotidiano, com vistas à construção coletiva do projeto político pedagógi-

> co. Refletir sobre esse cotidiano, questioná-lo e equacioná-lo podem ser importantes movimentos para que o coordenador pedagógico o transforme e o faça avançar em sua ação e a dos demais educadores da escola (PLACCO, 2008).

Ser Coordenador Pedagógico significa ter a função promotora das boas práticas e visar a garantia de um ambiente saudável às aprendizagens. Trata-se de estimular a construção coletiva, assumir um papel articulador, formador e transformador das realidades escolares. Faz parte de suas funções, contribuir com a execução do projeto pedagógico da escola e ampliar seu olhar à complexidade das relações e situações estabelecidas no interior da escola. Segundo Souza (1999):

> [...] realizar sua função requer uma postura muito complexa diante dos desafios, necessita muito mais do que saber científico para cumprir com as atribuições previstas na legislação, é preciso confrontá-las às práticas pedagógicas vivenciadas no cotidiano e assim, criar o novo, a reflexão sobre as práticas com vistas as mudanças de paradigmas. (SOUZA, 1999).

O artigo 64 da Lei de Diretrizes e Bases da Educação Nacional – LDBEN, lei nº 9394/96, estabelece que:

> A formação de profissionais de educação para administração, planejamento, inspeção, supervisão e orientação educacional para a educação básica, será feita em cursos de graduação em pedagogia ou em nível de pós-graduação, a critério da instituição de ensino, garantida, nesta formação, a base comum nacional. (LDBEN,1996).

Nas atualizações da lei, nota-se um avanço para a formação do pedagogo tanto para a docência como para as outras funções permitidas pela titulação. Assim, a função do Coordenador Pedagógico vem sendo definida até os tempos atuais com base nas complexidades escolares e pelo universo de funções que foi tomando conta desse profissional. O Conselho Nacional de Educação instituiu as diretrizes para a organização do curso de graduação de Pedagogia e a Resolução CNE/CP Nº 1, (2006), no art. 4º, está previsto que:

> O curso de Licenciatura em Pedagogia destina-se à formação de professores para exercer funções de magistério na Educação Infan-

> til e nos anos iniciais do Ensino Fundamental, nos cursos de Ensino Médio, na modalidade Normal, de Educação Profissional na área de serviços e apoio escolar e em outras áreas nas quais sejam previstos conhecimentos pedagógicos. Parágrafo único. As atividades docentes também compreendem participação na organização e gestão de sistemas e instituições de ensino (CNE/CP, 2006).

A partir das adequações legislativas que determinam o macro papel do profissional, cada sistema de ensino e ou escola com suas particularidades e especificidades na atuação, segue documentos próprios para organização de suas práticas. Portanto, a definição das suas atribuições em determinada unidade educacional deverá atendê-la, não infringindo as definições maiores e de caráter nacional.

Justificativa

Para compor o texto que representará a justificativa, considera-se pontos que independentemente das questões específicas da escola, perpassam pela atuação do profissional em qualquer que seja a instituição de ensino. Na busca de objetivos e metas (onde estamos – onde queremos chegar), devemos nos atentar para sua definição quais são os pressupostos básicos, como por exemplo, levantamento das ideias que pautam o trabalho docente e as expectativas previstas pela comunidade escolar (professores, gestores, famílias, alunos). Em outras palavras, devemos realizar um diagnóstico que trará tais informações para que se conheça melhor a unidade, as parcerias, os anseios e as expectativas daquela comunidade.

Outro elemento importante será definir como irá atuar (eixos, temas, etc., a missão e a visão da coordenação) para, a partir dessas definições, construir coletivamente, a missão, a visão, aprimoramento do Projeto Político Pedagógico da escola e quando este documento não existir na U.E.; deverá criar um movimento para construí-lo. Além disso, registrar como será o enfrentamento aos desafios que irão surgindo e como busca superá-los.

A justificativa poderá ser finalizada explicitando qual contribuição o profissional trará para fazer a diferença com o seu trabalho. Nesta parte poderá expor as informações que tem conhecimento sobre os dados e estatísticas e como irá atuar para melhorá-los, (falar do seu profissional, não significa pensar que as tomadas de decisões dependem apenas de você), isto deverá ficar claro na sua proposta, pois ninguém faz nada sozinho, principalmente na educação contemporânea.

Essa justificativa poderá ser ilustrada por concepções que você defende. (Lembre-se que cada sistema de ensino ou escola, em sua maioria, trazem suas concepções, princípios, conceitos a serem seguidos). Procure estar informado sobre a legislação e documentos específicos para não trazer algo completamente fora da proposta da instituição que irá trabalhar. Poderá ainda, trazer concepções de criança, adolescente, processo ensino aprendizagem, currículo, etc., são informações importantes que demonstram linhas teóricas que embasam a educação que está sendo oferecida em determinado local.

Objetivos

Toda proposta de trabalho exige previsão de objetivos. Quando criamos objetivos precisamos estar atentos aos verbos que utilizamos e a dimensão que este tem diante da ação. Um diferencial na coordenação pedagógica é a preocupação com a escrita da proposta, para que esta represente exatamente as ações que serão cumpridas para alcançar os objetivos de aprendizagem propostos para que o apoio aos docentes seja efetivo à elaboração e organização da prática pedagógica.

Lembrete: Existem verbos que trazem em si uma dimensão muito mais ampliada e são bons para falarmos de objetivos gerais. Exemplo: Analisar, comparar, estabelecer, compilar, diagnosticar, etc.. Alguns são mais específicos e podem indicar uma ação mais direta ao que se quer mostrar, resolver ou direcionar. Por exemplo: Traçar, aplicar, investigar, relatar, sublinhar, definir, registrar, etc.. Ainda, podemos usar um verbo para representar questões diretas do conhecimento: Registrar, assinalar, citar, marcar, relacionar, registrar, definir. Verbos que indicam compreensão nas tarefas propostas: Traduzir, descrever, discutir, localizar, identificar (este também utilizamos muito para objetivo geral), reafirmar, etc. Verbos que indicam aplicação ou execução de algo: Usar, demonstrar, inventariar, praticar, caracterizar, etc. De análise: experimentar; investigar, debater, diferenciar, comparar, distinguir, etc. De síntese: planejar; coordenar, construir, esquematizar, formular, criar, listar, organizar, etc. Verbos para indicar avaliação: Valorar, escolher, avaliar, apreciar, estimar, etc.

No universo dos verbos, podemos ainda categorizá-los para melhor nos expressarmos. Para uma ação completamente cognitiva: Classificar, combinar, citar, avaliar, autorizar, defender, criticar, converter, aplicar, autorizar, relatar, manipular, produzir, sintetizar, inferir, interpretar, etc. Para enfatizar a questão afetiva: Assistir, combinar, apresentar, propor, qualificar, selecionar, resolver, trabalhar, explicar, estudar, comparar, relacionar, aderir; salientar, verificar, usar, etc. Para questões psicomotoras: Afiar, compor, construir, criar, expressar, fixar, juntar, manipular, redigir, pintar, usar, etc. Esse repertório tem utilidade em relatórios do desenvolvimento e aprendizagem dos educandos.

Abaixo sugerimos alguns objetivos que podem ser utilizados na proposta da coordenação pedagógica:

- Diagnosticar os pontos críticos do processo de ensino aprendizagem;
- Sugerir e propor atividades visando o aperfeiçoamento do trabalho pedagógico;
- Propor um outro jeito de olhar, de analisar ou conduzir uma ação;
- Evidenciar a importância do coletivo na construção do conhecimento;
- Oportunizar momentos de formação, de estudo e de reflexão sobre a prática docente e explorar alternativas de trabalho que permita a concretização da proposta pedagógica;
- Promover estudos e pesquisas para ressaltar a importância da relação teoria - prática do processo de ensino - aprendizagem;
- Oportunizar, na medida do possível, momentos culturais, considerando a ideia de Cidade Educadora;
- Estimular a leitura, análise, reflexão de subsídios e avaliar a sistematização durante todo o processo.

Metas previstas

Sabemos que a educação organiza seu trabalho em ano letivo. Para cada ano, apesar de seguirmos e darmos sequência ao processo pedagógico temos que destacar as metas para o período. Seguindo a mesma orientação de cuidados com o uso dos verbos, temos que apontar na proposta da coordenação quais são nossas metas para o ano de trabalho e atualizá-la ano a ano.

Abaixo, algumas sugestões de metas no trabalho do Coordenador Pedagógico:

- Dar atenção individual e coletiva a todos envolvidos no processo de ensino aprendizagem;
- Coordenar e subsidiar a elaboração dos diagnósticos da realidade escolar;
- Pesquisar e acompanhar as causas da repetência e o rendimento escolar dos alunos;
- Propiciar o trabalho em conjunto por área, por ano ou ciclo para analisar, discutir, estudar e aperfeiçoar as questões pertinentes ao processo de ensino aprendizagem;
- Incentivar e promover condições para dar continuidade aos projetos já existentes assim como dar início a novos projetos atendendo as necessidades da unidade escolar;
- Trocar experiências e procurar sempre ouvir os professores e atendê-los sempre que possível;
- Promover dinâmicas de grupo;
- Levantar temas para reflexão e orientação;
- Discutir a avaliação de planos e projetos propostos;
- Solicitar dos professores sempre que necessário uma avaliação do trabalho desenvolvido para que possa ser melhorado e diversificado cada vez mais a atuação pedagógica do grupo envolvido.

Outras ações desencadeadoras da ação pedagógica:

- Propor aulas diversificadas, para motivar o aluno e integrá-lo no processo de aprendizagem;
- Propor dinâmica e textos relacionados ao melhor desenvolvimento da educação, rever a praxis;
- Promover a integração dos docentes dos diversos componentes curriculares nos horários coletivos;
- Divulgar as informações recebidas pelos órgãos responsáveis;
- Orientar atividades e leituras para enriquecer e diversificar o trabalho dos professores;
- Acompanhar e avaliar os diversos projetos;
- Preparar o conselho de classe para analisar e avaliar junto com os professores as causas e consequências que levam o aluno a não aprender (não adquirir habilidades e competências propostas).
- Aprofundar a proposta na formação continuada para estudo e reflexões sobre a prática pedagógica;
- Divulgar e analisar resultados da aprendizagem junto com professor;
- Revisitar o Projeto Político Pedagógico adequando conforme o desenvolvimento do trabalho.

Atendimento personalizado para cada ano/ciclo/etapa de ensino: práticas alfabetizadoras

Vivências práticas de alfabetização que garantam o respeito a cultura da infância, utilizando a ludicidade, o movimento e a arte como referenciais didáticos e metodológicos.

Cumprir a meta almejada pelo Pacto Nacional pela Alfabetização na Idade Certa[5] com todas as crianças alfabetizadas até terceiro

---

[5] O Pacto Nacional pela Alfabetização na Idade Certa é um compromisso formal e solidário assumido pelos governos Federal, do Distrito Federal, dos Estados e dos Municípios, desde 2012, para atender à Meta do Plano Nacional da Educação (PNE), que estabelece a obrigatoriedade de "Alfabetizar todas as crianças, no máximo, até o final do 3º (terceiro) ano do ensino fundamental". A partir de 2017, anali-

ano com a criação de uma rede de apoio que integre famílias, equipe gestora e a prática das formações específicas oferecidas pelos órgãos responsáveis, consolidando os direitos de aprendizagem para cada ano/ciclo.

- Acompanhamento sistemático e reflexivo das sondagens de forma individual onde o educador possa não só identificar hipóteses de escrita e detectar estratégias de leitura, como também, realizar exercícios pontualmente planejados para que cada educando avance a partir do conhecimento que possui.
- Estruturar e mostrar as ações pedagógicas interdisciplinares considerando as especificidades da cultura infantil, propiciando avanço das competências leitoras e escritoras e dos conceitos matemáticos.
- Articular as práticas de sala de aula com os projetos de enriquecimento curricular Ex. Leitura, Informática Educativa e componentes curriculares dos especalistas.
- Experimentação de modalidades organizativas adquirindo autonomia e segurança didática que qualifiquem o fazer pedagógico e qualifiquem a gestão em sala de aula.
- Intensificar e fortalecer a rede de apoio às famílias, garantindo-lhes uma participação maior na escola e nas aprendizagens das crianças em todos os aspectos.

Práticas Interdisciplinares

- Consolidação das políticas destinadas ao desenvolvimento de projetos significativos e que garantam as práticas de alfabetização da língua e da matemática avançando na leitura, escrita e cálculo.
- Articulação de práticas em sala de aula que estimulem o protagonismo do educando utilizando os centros de interesse como norteador de propostas de projetos.

---

sando a experiência adquirida, algumas inovações foram implementadas. O PNAIC passa a compor uma política educacional sistêmica que parte de uma perspectiva ampliada de alfabetização, trabalhando a Alfabetização na Idade Certa, a melhoria da aprendizagem em Língua Portuguesa e Matemática no Ensino Fundamental, bem como a inclusão da Educação Infantil e o Programa Novo Mais Educação.

- Desenvolvimento de propostas interdisciplinares e integradoras de ações com a contribuição de professores regentes, especialistas e dos projetos de enriquecimento curricular, garantindo os direitos de aprendizagem de cada ano/ciclo.
- Organização, sistematização e registro de práticas que consigam resultados significativos com os educandos ainda não alfabetizados;

Práticas Autorais

- Estruturação e mostras de ações pedagógicas interdisciplinares considerando as especificidades da cultura adolescente, avançando as competências leitoras, escritoras e dos conceitos matemáticos.
- Apresentação de práticas significativas articulando os componentes curriculares e os projetos de enriquecimento curricular com o trabalho de autoria, ou seja, protagonista.
- Experimentação de modalidades organizativas adquirindo autonomia e segurança didática que qualifiquem o fazer pedagógico e qualifiquem a gestão em sala de aula.
- Intensificar e fortalecer a rede de apoio às famílias, garantindo-lhes uma participação maior na escola e nas aprendizagens dos adolescentes em todos os aspectos.
- Desenvolver atividades pedagógicas significativas como os programas e projetos propostos pelos órgãos responsáveis (atendimento das políticas públicas).
- Qualificação do olhar avaliativo do professor percebendo-se como autor profissional e mediador do processo de aprendizagem.
- Elaboração de formas de registros práticos e eficazes das atividades desenvolvidas em sala de aula.
- Utilização de ferramentas didáticas e metodológicas para superar as diversas dificuldades conflitantes em sala de aula.
- Avanço nos resultados das avaliações externas para alcançar as metas estabelecidas pelo IDEB/MEC.

Avaliação

Para finalizar a proposta do Coordenador Pedagógico, necessitamos deixar bem claro a forma como pensamos a avaliação. Geralmente é na proposta que explicitamos como pensamos e no que acreditamos. Deixamos no texto as impressões dos autores que defendemos. Ao ler, o interessado no nosso trabalho, perceberá a postura profissional do Coordenador Pedagógico, o que ele pensa a respeito de diversos elementos da construção pedagógica e, a avaliação tem sua importância nesse processo. Como a avaliação é entendida na rede de ensino que atua? Inicie conceituando a avaliação, para que serve, cite autores que possam elucidar o que quer dizer a respeito dessa prática. Traga para conhecimento os instrumentos que serão utilizados no processo de avaliação: Registros (anotações de fatos, relatórios, atividades, instrumentos criados para consultas posteriores, gráficos e tabelas de resultados de avaliações, etc.); documentos que possibilitem entender os processos pedagógicos, a continuidade do processo, qual mudança necessária para adequar, qual orientação ou material deverá ser utilizado para dar apoio ao docente em sala de aula.

Para que serve a avaliação? A avaliação é norteadora para o acompanhamento das aprendizagens dos educandos. É fundamental realizar orientações e feedbacks aos professores e realizar monitoramento do desenvolvimento do Currículo de referência. Dar devolutivas propositivas aos professores pautadas na reflexão sobre a prática e nas análises dos resultados para estimulá-los a assumirem novos desafios. Realizar acompanhamento sistemático dos resultados da evolução dos alunos nas avaliações internas e externas. Acompanhar o desenvolvimento da prática docente do professor em sala de aula, previamente planejadas em parceria com os pares. Estabelecer e cumprir um cronograma de atendimento aos alunos que apresentam dificuldades de aprendizagem e baixo rendimento escolar. Manter os registros atualizados das atividades realizadas, das orientações repassadas e os combinados estabelecidos nos momentos de devolutivas aos professores. Circular pelas salas de aulas para observação de todo o ambiente escolar e ter um contato mais próximo com professores e alunos. Reservar momentos de estudo e pesquisas sobre novas metodologias e sugestões de materiais para auxiliar e facilitar o trabalho do professor. Acompanhar sistematicamente o desenvolvimento do Plano de Ação da Unidade Escolar e fazer sempre que necessárias interferências e retomadas tendo em vista o aprimoramento e redimensionamento da prática. Procurar ser resiliente no dia a dia, pautando no equilíbrio e no bom senso ao mediar conflitos e lidar com situações de pressão. Todas as citações acima são situações pontuais que darão sentido ao processo avaliativo da coordenação.

Referências

ARANHA, M. S. F. (2000). *Projeto Escola Viva - garantindo o acesso e permanência de todos os alunos na escola*: adaptações curriculares de pequeno porte. Brasília, MEC/SEE.

ARROYO, Miguel G. *Indagações sobre currículo: educandos e educadores: seus direitos e o currículo*/ Miguel Gonzáles Arroyo. Organização do documento Jeanete Beauchamp, Sandra Denise Pagel, Aricélia Ribeiro do Nascimento. – Brasília: Ministério da Educação, Secretaria de Educação Básica, 2007.

______________. *Imagens quebradas – trajetórias e tempos de alunos e mestres*. Petrópolis: Vozes, 2004, 4ªed.

______________. *Ofício de Mestre: imagens e auto imagens*. Petrópolis: Vozes, 2000, 8ª ed.

______________. *Currículo Território em disputa*. Petrópolis: Vozes, 2013.

BRASIL. (2006). Ministério da Educação.Saberes e práticas da inclusão: desenvolvendo competências para o atendimento às necessidades educacionais especiais de alunos com altas habilidades/superdotação. [2. ed.] / coordenação geral SEESP/MEC. - Brasília: MEC, Secretaria de Educação Especial, 2006. 143p. (Série: Saberes e práticas da inclusão). http://portal.mec.gov.br/seesp/arquivos/pdf/altashabilidades.pdf. Acesso em 17/02/2018.

CASTORINA, J.A et ALI - *Piaget Vigostsky Novas Contribuições para o Debate*, São Paulo: Ed Ática, 1990.

FREIRE, Paulo. *Pedagogia da autonomia: saberes necessários à prática educativa*. 43. ed., São Paulo: Paz e Terra, 2011.

KRAMER, Sonia. *A infância e sua singularidade*. In: MEC, Ensino Fundamental de Nove Anos, 2006.

PLACCO, V. M. N. de S. O coordenador pedagógico no confronto com o cotidiano da escola. In: PLACCO; ALMEIDA, L. R. de. *O coordenador pedagógico e o cotidiano da escola*. São Paulo: Loyola, 2008. cap. 3, p. 47 – 60.

PLACCO, V. M. N. de S., ALMEIDA, L. R. de; SOUZA, V. L.. T. de (Coord.). *O Coordenador Pedagógico e a formação de professores: intenções, tensões e contradições.* Fundação Carlos Chagas. Estudos & pesquisas Educacionais. São Paulo, Abril, 2011. Disponível em: < http://www.fvc.org.br/pdf/livro2-04-coordenador.pdf> Acesso em 04/02/2018.

SAVIANI, Demerval. *Transformações do Capitalismo, do Mundo do Trabalho e da* Educação in Capitalismo, Trabalho e Educação, Autores Associados, 2005.

VASCONCELLOS, C. S. Currículo: a atividade humana como princípio educativo. São Paulo: Libertad, 2009.

Sites

https://dicionariodoaurelio.com/coordenar. "coordenar", in Dicionário Priberam da Língua Portuguesa [em linha], 2008-2013. Acesso em 04/02/2018

Anexos

Pesquisa que pode ser realizada com a Comunidade Escolar para construção do Projeto Político Pedagógico, adaptando para cada segmento.

Vera Lúcia de Oliveira

INDICADORES	RESPOSTA
A Escola tem que atender a todos, independente de suas necessidades?	
Em sua opinião, qual é a função da escola?	
Que contribuição você espera/precisa dessa escola?	
Na escola há indisciplina? Quais tipos?	
Quais procedimentos a escola deve adotar para lidar com a indisciplina?	
Em sua opinião, quais as causas da indisciplina escolar?	
Pensando na relação entre a necessidade de disciplina e de liberdade do aluno, o que a escola poderia fazer para diminuir a indisciplina?	
A escola trabalha temas que permitem a formação com base no respeito a diversidade, cultura da paz e convivência saudável, ou seja, uma formação cidadã?	

A escola pode participar mais da vida cotidiana dos alunos e das famílias? Como?	
Quais os temas que em sua opinião, são importantes ser trabalhados com os alunos?	

Data	
Responsável pelo registro:	
Assunto:	
Objetivo	
Nome dos participantes	Assinatura

Coordenador como líder ou um líder na coordenação?

Renata Aguilar

O coordenador é um líder e um líder que traga exemplos em sua conduta. Como um líder deve atuar? Um líder pode exercer uma influência negativa ou positiva na equipe.

Antes de dar continuidade a leitura proponho que faça o seguinte teste, destacado na obra de Sylvia Constant Vergara, no livro: Gestão de Pessoas.

Teste de liderança: Estou no caminho da liderança?

Você deverá atribuir os graus 1,2,3 ou 4 a cada uma das afirmações a seguir. Considere:

1 - NUNCA 2- RARAMENTE 3 - ALGUMAS VEZES 4 - FREQUENTEMENTE

Conheço as metas globais da empresa, seus projetos e resultados que ela obtém.	
Mantenho-me informado sobre os outros setores da empresa, suas metas, projetos, dificuldades e facilidades.	
Ajudo todos, incluindo meu chefe, a enfrentar novos desafios.	
Mantenho-me atualizado com o que acontece no mundo.	
Envolvo-me na elaboração e disseminação da missão, visão e valores da empresa.	
Percebo como minha atribuição contribui para o desempenho da empresa.	

Compartilho informações como todos os membros da minha equipe.	
Busco significado em meu trabalho e procuro fazer com que os outros também busquem.	
Faço alianças com pessoas de outros setores, dentro e fora da empresa, de modo a atingir metas que possam beneficiar a todos.	
Considero que, enquanto estiver na empresa, tenho de ser comprometido com ela.	
Procuro ouvir o ponto de vista de outras pessoas, mesmo quando discordo dele.	
Admito que tenho muito a aprender e, portanto, a desenvolver-me.	
Esforço-me para que as realizações inovadoras da empresa sejam bem sucedidas.	
Vejo crises, incertezas, turbulências como oportunidades para aprendizagem e mudanças.	
Reconheço que minhas decisões são afetadas por sentimentos.	
Reconheço e recompenso aqueles que contribuem para o sucesso da empresa.	
Procuro aprender o máximo possível sobre problemas e com eles, independente de visualizar-lhes ou não uma situação.	
Busco ser criativo.	
Envolvo as pessoas de vários níveis na realização de mudanças e decisões importantes.	
Crio situações que estimulam o crescimento de indivíduos no grupo.	

Tenho atitude positiva diante das dificuldades.	
Uso palavras de estímulo quando os resultados não são satisfatórios de modo que todos possam aprender com os erros.	
Escuto a opinião da equipe, sempre estimulando os colaboradores a pensar, participar e assumir novos desafios.	
Valorizo o sentimento das pessoas com as quais trabalho e incentivo a fazerem o mesmo.	
Procuro ter alto astral.	
Sei catalisar a energia das pessoas da empresa para a solução de problemas e para a realização dos projetos da empresa.	
Sou cooperativo, leal, ético e jamais prometo algo que não posso cumprir.	
Tenho humildade suficiente para aceitar meus pontos fracos, bem como as críticas.	
Busco superar metas.	
Procuro criar na empresa um ambiente de trabalho estimulante e desafiador.	

Some o total de pontos e divida-os por 30. Anote seu resultado:_______________

Se você obteve 4 ou 3 pontos, tudo indica que você está no caminho certo da liderança. Caso contrário, é preciso repensar em suas atitudes.

Este é um teste para que você possa refletir sobre algumas atitudes no aspecto da liderança. Estes testes são aplicados em empresas e cursos de formadores de líderes. Deixo claro que não é o resultado destes testes que definirá um bom coordenador, mas cada afirmação deve ser pensada e levada em consideração na sua aplicabilidade. É possível sim fazer diferença, basta fazer diferente.

Portanto, a seguir destaco alguns aspectos importantes para a liderança de um coordenador:

1. Formação: formação não é apenas o curso de graduação, mas sim a participação de cursos de aprimoramento, estar conectado com novidades, novos conhecimentos, ler artigos científicos em sua área. Estudar e estudar muito sobre sua prática e da sua equipe. O espírito de liderança não é ensinado em cursos, mas alguns podem dar dicas e sugestões importantes para sua prática.

2. Motivação: ter um motivo, ter uma AÇÂO. A equipe deve se sentir motivada para atuar em sua área. É preciso mostrar aos professores que o coordenador também acredita na filosofia da escola. Se o coordenador não acredita na escola que está inserido, dificilmente conseguirá que seus professores estejam motivados para sua prática educativa. Acreditar na mudança é o principal fator da motivação. O ser humano só faz bem feito em que acredita.

3. O corpo fala. Esta é uma frase que lemos e ouvimos muito e é muito verdadeira. Muitas vezes, nossas palavras dizem algo que os olhos não afirmam. A postura corporal são sinais que demonstram nossos sentimentos. Assim, como o sorriso e tom de voz. Já é comprovado que líderes alegres, que motivam suas equipes conseguem atingir resultados mais eficientes.

4. Conhecer o grupo pelo nome, esta personalização estabelece um vínculo afetivo com o grupo. Nunca colocar apelidos, mesmo que carinhosos, pois professores devem ser tratados com respeito. Quando fui contratada por uma grande escola para assumir a coordenação pedagógica, um relato de vários professores é que gostariam de ser chamados pelos nomes sem utilizar os diminutivos, por exemplo professora Joana, era chamada de tia Joaninha pela coordenação e, consequentemente pelos pais e alunos, professor Sérgio, era Serginho... Isto incomodava a todos e não demonstrava o real valor do professor.

5. Saber ouvir é um exercício diário, e nós coordenadores temos um hábito de falar muito e ouvir pouco. É importante perceber as angústias do professor, suas ideias e suas necessidades. Quantas vezes o professor não tem nas mãos a solução que tanto estávamos procurando? Nem sempre o coordenador tem a solução para tudo, um trabalho em equipe onde todos assumem as responsabilidades e buscam juntos o mesmo resultado poderá fazer a diferença na escola.

6. Ser empático: A empatia é fundamental para o bom relacionamento tanto da equipe de professores quanto para as famílias, que sentem-se seguras quando o coordenador demonstra compreender as angústias ou a situação que precisa ser solucionada. Dificilmente, as famílias procuram a escola quando está tudo bem com o aluno.

7. Usar o reforço positivo: Elogiar o grupo e os professores traz grandes resultados e isto acaba motivando para que estes profissionais busquem sempre o melhor. A meritocracia também auxilia muito neste processo, só é preciso tomar alguns cuidados, pois já presenciei situações em que o coordenador realiza a meritocracia e acaba gerando uma concorrência e uma disputa nada saudável.

Para Furlanetto (in Queluz,2000) :

> "coordenador e professor, investidos de papéis diferentes, de saberes diversos, podem buscar um encontro fecundo cujo fruto seja a construção de uma prática pedagógica mais consistente, enriquecida, criativa e verdadeira." (p.95)

Esta abordagem colocada por Furlanetto é o ideal na relação coordenação e professor, a imagem do coordenador não pode ser a de fiscal, apontando apenas os erros e sim que possa contribuir no aprimoramento dos professores.

Anexo 3

Projeto inclusão escolar

Sheyla Baumworcel

A inclusão escolar contempla todas as crianças da escola, pois cada uma tem um ritmo próprio de aprendizagem e divergem em suas habilidades e dificuldades. Todas as crianças são sujeitos sociais com enorme gama de diversidades em seu desenvolvimento, seja ele típico ou não. Esta diversidade em sala de aula cria oportunidades de interação e integração solidária quando bem orientadas.

Com essa finalidade, o Brasil instituiu a Lei nº 13146 promovendo, em condições de igualdade, o exercício dos direitos e da liberdade fundamentais às pessoas com deficiências, visando a sua inclusão social e cidadania. A proposta de inclusão escolar tem como missão comprometer toda a equipe escolar, disponibilizando recomendações gerais e específicas para crianças com transtornos de neurodesenvolvimento e transtornos do espectro autista que segundo a DSMV (Diagnostical and Statistical Manual of Mental Disorders) podem causar dificuldades na comunicação social e na interação social, e levam a padrões restritos e repetitivos de comportamentos e interesses.

Esse projeto tem como objetivo disponibilizar recomendações gerais e específicas para crianças com transtorno do espectro autista, transtorno de déficit de atenção e hiperatividade, transtornos específicos de aprendizagem e superdotados. O projeto inclui promover atividades que visam a integração social dos alunos, com a presença de uma responsável psicopedagoga (ou mais), o corpo docente, funcionários, pais e diretoria, com atividades educacionais, culturais, artísticas, científicas e comunitárias.

Segundo Rogers, Dawson e Vismare (2012) a inclusão de todos é decisiva para o sucesso do projeto, abrindo as informações sobre os transtornos de forma adequada à faixa etária dos alunos da escola e combatendo o bulying e a intolerância.

Justificativa

Através de um levantamento da realidade dos alunos da escola, iniciaremos um trabalho de inclusão de forma ética e com engajamento afetivo (Hobson, 2002) acolhendo as famílias dos alunos, solicitando acesso às informações de seus médicos assim como de diagnósticos para melhor orientar os envolvidos, comprometendo os profissionais da escola e tornando a todos parceiros diretos do trabalho.

É preciso também garantir adaptações no material escolar para facilitar a aprendizagem, seja através de jogos, uso de fotos e imagens, recursos áudio visuais, computadores. Acompanhar e monitorar o desempenho escolar através de relatórios e devoluções aos pais. É importante observar que o stress em famílias com crianças com transtornos do desenvolvimento é comparado a um soldado combatente em uma guerra, segundo a autora Michele Diament no livro "Autism moms have stress similar to combat soldiers", 2009.

Objetivos gerais

Esclarecer a comunidade escolar sobre o que é inclusão, quais são as características das dificuldades de aprendizagem encontrados na escola de forma ética e cuidadosa, facilitando o desenvolvimento desses alunos e o cumprimento das tarefas solicitadas pelos professores.

Objetivos específicos

Engajar o aluno de forma positiva no grupo social, pois ao facilitar a resiliência proporcionamos a construção social.

- Melhorar a aprendizagem dos alunos facilitando o acesso ao conhecimento em diferentes atividades lúdicas ou artísticas integrando as diversas equipes já atuantes na escola tal como professores de arte, de música, de educação física, de yoga.

- Melhorar o atendimento ao aluno em campos do conhecimento para além do pedagógico, oferecendo um espaço para brincar pois esta é uma poderosa ferramenta de aprendizagem e criatividade.
- Organizar um sistema de registro dos atendimentos individuais dos alunos com transtornos.
- Segundo Norbert Wianer (1948), o processo de feedback é fundamental. Assim, é preciso organizar relatórios oficiais sistemáticos e avaliações periódicas (trimestrais) qualitativas do trabalho realizado, oferecendo assim o feedback às famílias e profissionais.
- Realizar as avaliações dos alunos que necessitam maior concentração ou tempo em um ambiente diferenciado.
- Propor alunos colaboradores. Aqueles que apresentam maior resiliência e querem participar mais ativamente do projeto serão orientados e bem recebidos.

Metodologia

- Criar vínculo de confiança com os alunos e suas mediadoras garantindo um atendimento e acompanhamento ético.
- Fornecer subsídios para as mudanças na estrutura curricular de forma individualizada.
- Segundo o EIBI (Early Intensive Behavior Intervention) os benefícios do envolvimento parental é muito importante e garante o acompanhamento dos resultados.
- Manter o foco em gastos reduzidos, porém garantir um espaço físico para a implementação do projeto. (Sala de aula, quadro, calendário, computador, jogos, material dourado, blocos lógicos)
- Sugerir plataformas adaptativas em ambientes virtuais para o aprendizado dos alunos de forma a facilitar o trabalho das professoras de sala.

Passos do Projeto

1. Fazer um levantamento das crianças com as dificuldades de aprendizagem.
2. Assistir uma ou duas aulas em cada turma para conhecer seu comportamento e o movimentc do grupo. Realizar dinâmicas de grupo, caso necessário, fortalecendo as interações sociais.
3. Convidar os pais dessas crianças para numa reunião tomarem conhecimento do Projeto.
4. Orientar a equipe da Escola sobre a importância do Projeto através de palestras e vídeos sensibilizadores.
5. Realizar atividades na sala de recursos criada assim como oferecer o espaço para a criança relaxar e deitar, sem precisar mais usar a enfermaria.
6. Dar subsídios para os professores sugerindo tarefas e avaliações, assim como propor um sistema de aplicação dessas avaliações de forma individual.
7. Estar disponível e em contato com as famílias para quaisquer dúvidas e necessidades, numa marcação de horários trimestrais (igual à das professoras de turma).

Referências

Bauman, Zygmunt *A sociedade individualizada: vidas contadas e histórias vividas.* Rio de Janeiro: Editora Zahar, 2008.

Ellis,Kathryn *Autismo.* Rio de Janeiro: Revinter, 1996.

Figueiredo C S. Dissertação de Mestrado: *Um estudo sobre programas de intervenção precoce e o engajamento dos pais como coterapeutas de crianças autistas.* Rio de Janeiro: PUC-Rio, 2014.

Gradim, Temple Thinking in picturais and other reports from lyfe with Autism. London, 2005.

Lampreia, Carolina *Manual para identificação precoce do autismo.* Rio de Janeiro: PUC. 2015.

Martim, G. e Dawson, Geraldine *Intervenção precoce em crianças com autismo.* Lisboa: Lidel, 2015.

Solomon, A. *Longe da árvore.* São Paulo: Companhia das Letras, 2013.

Stern, Daniel *O mundo interpessoal do bebê.* Rio de Janeiro: Artes Medicas, 1992.

Travessos,Rodrigues F. *Luto e formação de vínculos em famílias com crianças portadoras de deficiências.* Rio de Janeiro: PUC-Rio, 2015.